心一堂術數古籍珍本叢刊

書名：地理辨正發微
系列：心一堂術數古籍珍本叢刊　堪輿類　第二輯　164
作者：【清】唐南雅
主編、責任編輯：陳劍聰
心一堂術數古籍珍本叢刊編校小組：陳劍聰　素聞　梁松盛　鄒偉才　虛白盧主

出版：心一堂有限公司
通訊地址：香港九龍旺角彌敦道六一〇號荷李活商業中心十八樓〇五—〇六室
深港讀者服務中心：中國深圳市羅湖區立新路六號羅湖商業大厦負一層〇〇八室
電話號碼：(852)67150840
網址：publish.sunyata.cc
電郵：sunyatabook@gmail.com
網店：http://book.sunyata.cc
淘寶店地址：https://shop210782774.taobao.com
微店地址：https://weidian.com/s/1212826297
臉書：https://www.facebook.com/sunyatabook
讀者論壇：http://bbs.sunyata.cc/

版次：二零一五年十二月初版
平裝

　　　港幣　　二百八十元正
定價：人民幣　二百八十元正
　　　新台幣　一千一百八十元正

國際書號：ISBN 978-988-8317-08-0

香港發行：香港聯合書刊物流有限公司
地址：香港新界大埔汀麗路36號中華商務印刷大廈3樓
電話號碼：(852)2150-2100
傳真號碼：(852)2407-3062
電郵：info@suplogistics.com.hk

台灣發行：秀威資訊科技股份有限公司
地址：台灣台北市內湖區瑞光路七十六巷六十五號一樓
電話號碼：+886-2-2796-3638
傳真號碼：+886-2-2796-1377
網絡書店：www.bodbooks.com.tw
台灣國家書店讀者服務中心：
地址：台灣台北市中山區松江路二〇九號一樓
電話號碼：+886-2-2518-0207
傳真號碼：+886-2-2518-0778
網絡書店：http://www.govbooks.com.tw

中國大陸發行　零售：深圳心一堂文化傳播有限公司
深圳地址：深圳市羅湖區立新路六號羅湖商業大厦負一層〇〇八室
電話號碼：(86)0755-82224934

心一堂微店二維碼

心一堂淘寶店二維碼

心一堂術數古籍 珍本 整理 叢刊 總序

術數定義

術數，大概可謂以「推算（推演）、預測人（個人、群體、國家等）、事、物、自然現象、時間、空間方位等規律及氣數，並或通過種種『方術』，從而達致趨吉避凶或某種特定目的」之知識體系和方法。

術數類別

我國術數的內容類別，歷代不盡相同，例如《漢書・藝文志》中載，漢代術數有六類：天文、曆譜、五行、蓍龜、雜占、形法。至清代《四庫全書》，術數類則有：數學、占候、相宅相墓、占卜、命書、相書、陰陽五行、雜技術等，其他如《後漢書・方術部》、《藝文類聚・方術部》、《太平御覽・方術部》等，對於術數的分類，皆有差異。古代多把天文、曆譜、及部分數學均歸入術數類，而民間流行亦視傳統醫學作為術數的一環；此外，有些術數與宗教中的方術亦往往難以分開。現代民間則常將各種術數歸納為五大類別：命、卜、相、醫、山，通稱「五術」。

本叢刊在《四庫全書》的分類基礎上，將術數分為九大類別：占筮、星命、相術、堪輿、選擇、三式、讖諱、理數（陰陽五行）、雜術（其他）。而未收天文、曆譜、算術、宗教方術、醫學。

術數思想與發展——從術到學，乃至合道

我國術數是由上古的占星、卜筮、形法等術發展下來的。其中卜筮之術，是歷經夏商周三代而通過「龜卜、蓍筮」得出卜（筮）辭的一種預測（吉凶成敗）術，之後歸納並結集成書，此即現傳之《易

經》。經過春秋戰國至秦漢之際，受到當時諸子百家的影響、儒家的推崇，遂有《易傳》等的出現，原本是卜筮術書的《易經》，被提升及解讀成有包涵「天地之道（理）」之學。因此，《易・繫辭傳》曰：「易與天地準，故能彌綸天地之道。」

漢代以後，易學中的陰陽學說，與五行、九宮、干支、氣運、災變、律曆、卦氣、讖緯、天人感應說等相結合，形成易學中象數系統。而其他原與《易經》本來沒有關係的術數，如占星、形法、選擇，亦漸漸以易理（象數學說）為依歸。《四庫全書・易類小序》云：「術數之興，多在秦漢以後。要其旨，不出乎陰陽五行，生尅制化。實皆《易》之支派，傳以雜說耳。」至此，術數可謂已由「術」發展成「學」。

及至宋代，術數理論與理學中的河圖洛書、太極圖、邵雍先天之學及皇極經世等學說給合，通過術數以演繹理學中「天地中有一太極，萬物中各有一太極」（《朱子語類》）的思想。術數理論不單已發展至十分成熟，而且也從其學理中衍生一些新的方法或理論，如《梅花易數》、《河洛理數》等。

在傳統上，術數功能往往不止於僅僅作為趨吉避凶的方術，及「能彌綸天地之道」的學問，亦有其「修心養性」的功能，「與道合一」（修道）的內涵。《素問・上古天真論》：「上古之人，其知道者，法於陰陽，和於術數。」數之意義，不單是外在的算數、歷數、氣數，而是與理學中同等的「道」、「理」--心性的功能，北宋理氣家邵雍對此多有發揮：「聖人之心，是亦數也」、「萬化萬事生乎心」、「心為太極」。《觀物外篇》：「先天之學，心法也。……蓋天地萬物之理，盡在其中矣，心一而不分，則能應萬物。」反過來說，宋代的術數理論，受到當時理學、佛道及宋易影響，認為心性本質上是等同天地之太極。天地萬物氣數規律，能通過內觀自心而有所感知，即是內心也已具備有術數的推演及預測、感知能力；相傳是邵雍所創之《梅花易數》，便是在這樣的背景下誕生。

《易・文言傳》已有「積善之家，必有餘慶；積不善之家，必有餘殃」之說，至漢代流行的災變說及讖緯說，我國數千年來都認為天災，異常天象（自然現象），皆與一國或一地的施政者失德有關；下至家族、個人之盛衰，也都與一族一人之德行修養有關。因此，我國術數中除了吉凶盛衰理數之外，人心的德行修養，也是趨吉避凶的一個關鍵因素。

術數與宗教、修道

在這種思想之下，我國術數不單只是附屬於巫術或宗教行為的方術，又往往是一種宗教的修煉手段--通過術數，以知陰陽，乃至合陰陽（道）。「其知道者，法於陰陽，和於術數。」例如，「奇門遁甲」術中，即分為「術奇門」與「法奇門」兩大類。「法奇門」中有大量道教中符籙、手印、存想、內煉的內容，是道教內丹外法的一種重要外法修煉體系。甚至在雷法一系的修煉上，亦大量應用了術數內容。此外，相術、堪輿術中也有修煉望氣（氣的形狀、顏色）的方法；堪輿家除了選擇陰陽宅之吉凶外，也有道教中選擇適合修道環境（法、財、侶、地中的地）的方法，以至通過堪輿術觀察天地山川陰陽之氣，亦成為領悟陰陽金丹大道的一途。

易學體系以外的術數與的少數民族的術數

我國術數中，也有不用或不全用易理作為其理論依據的，如揚雄的《太玄》、司馬光的《潛虛》。也有一些占卜法、雜術不屬於《易經》系統，不過對後世影響較少而已。

外來宗教及少數民族中也有不少雖受漢文化影響（如陰陽、五行、二十八宿等學說。）但仍自成系統的術數，如古代的西夏、突厥、吐魯番等占卜及星占術，藏族中有多種藏傳佛教占卜術、苯教占卜術、擇吉術、推命術、相術等；北方少數民族有薩滿教占卜術；不少少數民族如水族、白族、布朗族、佤族、彝族、苗族等，皆有占雞（卦）草卜、雞蛋卜等術，納西族的占星術、占卜術，彝族畢摩的推命術、占卜術……等等，都是屬於《易經》體系以外的術數。相對上，外國傳入的術數以及其理論，對我國術數影響更大。

曆法、推步術與外來術數的影響

我國的術數與曆法的關係非常緊密。早期的術數中，很多是利用星宿或星宿組合的位置（如某星在某州或某宮某度）付予某種吉凶意義，并據之以推演，例如歲星（木星）、月將（某月太陽所躔之宮次）等。不過，由於不同的古代曆法推步的誤差及歲差的問題，若干年後，其術數所用之星辰的位置，已與真實星辰的位置不一樣了；此如歲星（木星），早期的曆法及術數以十二年為一周期（以應地支），與木星真實周期十一點八六年，每幾十年便錯一宮。後來術家又設一「太歲」的假想星體來解決，是歲星運行的相反，週期亦剛好是十二年。而術數中的神煞，很多即是根據太歲的位置而定。又如六壬術中的「月將」，原是立春節氣後太陽躔娵訾之次而稱作「登明亥將」，至宋代，因歲差的關係，要到雨水節氣後太陽才躔娵訾之次，當時沈括提出了修正，但明清時六壬術中「月將」仍然沿用宋代沈括修正的起法沒有再修正。

由於以真實星象周期的推步術是非常繁複，而且古代星象推步術本身亦有不少誤差，大多數術數除依曆書保留了太陽（節氣）、太陰（月相）的簡單宮次計算外，漸漸形成根據干支、日月等的各自起例，以起出其他具有不同含義的眾多假想星象及神煞系統。唐宋以後，我國絕大部分術數都主要沿用這一系統，也出現了不少完全脫離真實星象的術數，如《子平術》、《紫微斗數》、《鐵版神數》等。後來就連一些利用真實星辰位置的術數，如《七政四餘術》及選擇法中的《天星選擇》，也已與假想星象及神煞混合而使用了。

隨着古代外國曆（推步）、術數的傳入，如唐代傳入的印度曆法及術數，元代傳入的回回曆等，其中我國占星術便吸收了印度占星術中羅睺星、計都星等而形成四餘星，又通過阿拉伯占星術而吸收了其中來自希臘、巴比倫占星術的黃道十二宮、四大（四元素）學說（地、水、火、風），並與我國傳統的二十八宿、五行說、神煞系統並存而形成《七政四餘術》。此外，一些術數中的北斗星名，不用我國傳統的星名：天樞、天璇、天璣、天權、玉衡、開陽、搖光，而是使用來自印度梵文所譯的：貪狼、巨門、祿存、文曲，廉貞、武曲、破軍等，此明顯是受到唐代從印度傳入的曆法及占星術所影響。如星命術中的《紫微斗數》及堪輿術中的《撼龍經》等文獻中，其星皆用印度譯名。及至清初《時憲曆》，置閏之法則改用西法「定氣」。清代以後的術數，又作過不少的調整。

此外，我國相術中的面相術、手相術，唐宋之際受印度相術影響頗大，至民國初年，又通過翻譯歐西、日本的相術書籍而大量吸收歐西相術的內容，形成了現代我國坊間流行的新式相術。

陰陽學——術數在古代、官方管理及外國的影響

術數在古代社會中一直扮演着一個非常重要的角色，影響層面不單只是某一階層、某一職業、某一年齡的人，而是上自帝王，下至普通百姓，從出生到死亡，不論是生活上的小事如洗髮、出行等，大事如建房、入伙、出兵等，從個人、家族以至國家，從天文、氣象、地理到人事、軍事，從民俗、學術到宗教，都離不開術數的應用。我國最晚在唐代開始，已把以上術數之學，稱作陰陽（學），行術數者稱陰陽人。（敦煌文書、斯四三二七唐《師師漫語話》：「以下說陰陽人謾語話」，此說法後來傳入日本，今日本人稱行術數者為「陰陽師」）。一直到了清末，欽天監中負責陰陽術數的官員中，以及民間術數之士，仍名陰陽生。

古代政府的中欽天監（司天監），除了負責天文、曆法、輿地之外，亦精通其他如星占、選擇、堪輿等術數，除在皇室人員及朝庭中應用外，也定期頒行日書、修定術數，使民間對於天文、日曆用事吉凶及使用其他術數時，有所依從。

我國古代政府對官方及民間陰陽學及陰陽官員，從其內容、人員的選拔、培訓、認證、考核、律法監管等，都有制度。至明清兩代，其制度更為完善、嚴格。

宋代官學之中，課程中已有陰陽學及其考試的內容。（宋徽宗崇寧三年〔一一零四年〕崇寧算學令：「諸學生習……並曆算、三式、天文書。」「諸試……三式即射覆及預占三日陰陽風雨。天文即預

定一月或一季分野災祥，並以依經備草合問為通。」

金代司天臺，從民間「草澤人」（即民間習術數人士）考試選拔：「其試之制，以《宣明曆》試推步，及《婚書》、《地理新書》試合婚、安葬，並《易》筮法，六壬課、三命、五星之術。」（《金史》卷五十一・志第三十二・選舉一）

元代為進一步加強官方陰陽學對民間的影響、管理、控制及培育，除沿襲宋代、金代在司天監掌管陰陽學及中央的官學陰陽學課程之外，更在地方上增設陰陽學課程（《元史・選舉志一》：「世祖至元二十八年夏六月始置諸路陰陽學。」）地方上也設陰陽學教授員，培育及管轄地方陰陽人。（《元史・選舉志一》：「（元仁宗）延祐初，令陰陽人依儒醫例，於路、府、州設教授員，凡陰陽人皆管轄之，而上屬於太史焉。」）自此，民間的陰陽術士（陰陽人），被納入官方的管轄之下。

至明清兩代，陰陽學制度更為完善。中央欽天監掌管陰陽學，明代地方縣設陰陽學正術，各州設陰陽學典術，各縣設陰陽學訓術。陰陽人從地方陰陽學肄業或被選拔出來後，再送到欽天監考試。（《大明會典》卷二二三：「凡天下府州縣舉到陰陽人堪任正術等官者，俱從吏部送（欽天監），考中，送回選用；不中者發回原籍為民，原保官吏治罪。」）清代大致沿用明制，凡陰陽術數之流，悉歸中央欽天監及地方陰陽官員管理、培訓、認證。至今尚有「紹興府陰陽印」、「東光縣陰陽學記」等明代銅印，及某某縣某某之清代陰陽執照等傳世。

清代欽天監漏刻科對官員要求甚為嚴格。《大清會典》「國子監」規定：「凡算學之教，設肄業生。滿洲十有二人，蒙古、漢軍各六人，於各旗官學內考取。漢十有二人，於舉人、貢監生童內考取。附學生二十四人，由欽天監選送。教以天文演算法諸書，五年學業有成，舉人引見以欽天監博士用，貢監生童以天文生補用。」學生在官學肄業、貢監生肄業或考得舉人後，經過了五年對天文、算法、陰陽學的學習，其中精通陰陽術數者，會送往漏刻科。而在欽天監供職的官員，《大清會典則例》「欽天監」規定：「本監官生三年考核一次，術業精通者，保題升用。不及者，停其升轉，再加學習。如能黽勉供職，即予開復。仍不及者，降職一等，再令學習三年，能習熟者，准予開復，仍不能者，黜退。」除定期考核以定其升用降職外，《大清律例》中對陰陽術士不準確的推斷（妄言禍福）是要治罪的。《大清律例・一七八・術七・妄言禍福》：「凡陰陽術士，不許於大小文武官員之家妄言禍福，違者杖一百。其依經推算星命卜課，不在禁限。」大小文武官員延請的陰陽術士，自然是以欽天監漏刻科官員或地方陰陽官員為主。

官方陰陽學制度也影響鄰國如朝鮮、日本、越南等地，一直到了民國時期，鄰國仍然沿用着我國的多種術數。而我國的漢族術數，在古代甚至影響遍及西夏、突厥、吐蕃、阿拉伯、印度、東南亞諸國。

術數研究

術數在我國古代社會雖然影響深遠，「是傳統中國理念中的一門科學，從傳統的陰陽、五行、九宮、八卦、河圖、洛書等觀念作大自然的研究。……傳統中國的天文學、數學、煉丹術等，要到上世紀中葉始受世界學者肯定。可是，術數還未受到應得的注意。術數在傳統中國科技史、思想史，文化史、社會史，甚至軍事史都有一定的影響。……更進一步了解術數，我們將更能了解中國歷史的全貌。」（何丙郁《術數、天文與醫學中國科技史的新視野》，香港城市大學中國文化中心。）

可是術數至今一直不受正統學界所重視，加上術家藏秘自珍，又揚言天機不可洩漏，「（術數）乃吾國科學與哲學融貫而成一種學說，數千年來傳衍嬗變，或隱或現，全賴一二有心人為之繼續維繫，賴以不絕，其中確有學術上研究之價值，非徒癡人說夢，荒誕不經之謂也。其所以至今不能在科學中成立一種地位者，實有數因。蓋古代士大夫階級目醫卜星相為九流之學，多恥道之；而發明諸大師又故為惝恍迷離之辭，以待後人探索；間有一二賢者有所發明，亦秘莫如深，既恐洩天地之秘，復恐譏為旁門左道，始終不肯公開研究，成立一有系統說明之書籍，貽之後世。故居今日而欲研究此種學術，實一極困難之事。」（民國徐樂吾《子平真詮評註》，方重審序）

現存的術數古籍，除極少數是唐、宋、元的版本外，絕大多數是明、清兩代的版本。其內容也主要是明、清兩代流行的術數，唐宋或以前的術數及其書籍，大部分均已失傳，只能從史料記載、出土文獻、敦煌遺書中稍窺一鱗半爪。

術數版本

坊間術數古籍版本，大多是晚清書坊之翻刻本及民國書賈之重排本，其中豕亥魚魯，或任意增刪，往往文意全非，以至不能卒讀。現今不論是術數愛好者，還是民俗、史學、社會、文化、版本等學術研究者，要想得一常見術數書籍的善本、原版，已經非常困難，更遑論如稿本、鈔本、孤本等珍稀版本。在文獻不足及缺乏善本的情況下，要想對術數的源流、理法、及其影響，作全面深入的研究，幾不可能。

有見及此，本叢刊編校小組經多年努力及多方協助，在海內外搜羅了二十世紀六十年代以前漢文為主的術數類善本、珍本、鈔本、孤本、稿本、批校本等數百種，精選出其中最佳版本，分別輯入兩個系列：

一、心一堂術數古籍珍本叢刊

二、心一堂術數古籍整理叢刊

前者以最新數碼（數位）技術清理、修復珍本原本的版面，更正明顯的錯訛，部分善本更以原色彩色精印，務求更勝原本。并以每百多種珍本、一百二十冊為一輯，分輯出版，以饗讀者。

後者延請、稿約有關專家、學者，以善本、珍本等作底本，參以其他版本，古籍進行審定、校勘、注釋，務求打造一最善版本，方便現代人閱讀、理解、研究等之用。

限於編校小組的水平，版本選擇及考證、文字修正、提要內容等方面，恐有疏漏及舛誤之處，懇請方家不吝指正。

心一堂術數古籍珍本整理叢刊編校小組

二零零九年七月序

二零一四年九月第三次修訂

光緒乙未仲夏

地理辨正發微

吉民堂梓

地理辨正發微自序

地理一道由來舊矣古聖君賢相及士庶人靡不知之黃帝造南車公劉遷豳周公卜洛子貢子窆孔林之作載之經傳班班可考者也其時但有其事而無其說秦漢晉唐以來名賢輩出始明其道而筆之書然形局之言類皆明白曉

暢使人易知獨此理氣一門其說元微其理幽深從古秘密不欲輕洩雖有青囊天玉奧語寶照諸書傳世而讀之者不得口傳心授終屬渺茫莫能通曉兼因唐使僧一行作卦例顛倒五行錯亂陰陽以擾外夷久而中華莫辨真偽反為所禍
國初蔣子平堦得無極子心

傳乃取是書而辨正之去其邪說存其真諦然其言仍引而不發豈真所謂閒世一出非人弗傳者耶迄今二百年來復註者數十百家大都傳受非真猜疑失實按之經傳莫能拍合至今海内術士各寶師言各神己訣自害害人靡所底止皆此過秘之故也予習此篇有年

於八卦九星頗見其微乃不揣固陋用
將是書出其隱謎發其秘奥以公同好
以救羣失浪洩之愆知其不免然不如
此明白指示則邪說日益蜂起而斯道
終無顯著之時也觀者諒諸
光緒二十一年乙未歲清明日衡山唐
南雅完初氏識

蔣平階原序

通三才之道曰儒故天官地理皆學士家窮理之本業而象緯之學正三統測災祥屬有國家者之事獨地理爲養生送死生民日用所急孝子慈孫尤不可以不謹宋儒朱蔡諸賢間有發明見於性理書中者班班可考顧僅能敷陳梗概而未究其精微或者進而求之適都所市管郭諸書雖其言鑿鑿而去之逾遠斯其爲道顯而隱誠所謂問世一出非人不傳者耶余少失恃壯失怙先大父安溪公早以形家之書孜孜手授久而後知俗學之非也思窮徑絕迺得無極子之傳遊於方之外習其所傳又十年所於

是遠溯黃石青烏近考青田幕講彼其言蓋人人殊而厥旨則一且視天下山川土壤雖大荒內外亦如一也其庶乎地學之正宗在是輒欲舉其說以告學者又不容縷言無已則取當世所傳之書訂其紕繆而析其是非使言之者無罪而聞之者有所懲戒而不至於亂辨正之書所以作也夫地學之有書始於黃石盛於楊公而世所惑溺而不可卒解者則莫甚於玉尺故論斷諸書彙爲一編其俎豆之與焚書皆以云救也于姜諸子問業日久經史之暇旁及此編豈好事哉我得此道以釋憾於我親從我遊者皆有親也姜氏習是編而遂梓之以公世其又爲天下後

世之有親者加之意歟。允哉儒者之用心也已。

凡例

一是書悉錄蔣氏傳註以是書賴蔣氏以正且又字字最關經義若舍去不惟經義不明亦没人善也

一蔣氏傳註後更增註解非另有新意蓋因蔣氏不肯顯言特明白指出以示人耳然又未嘗逐節逐句悉解者以全義自有蔣傳在也

一是書之旨人每辯之爲逐一指破原是至易然欲神而明之至易之中又至難也學者切勿以其易而忽之

一元空千載不傳之秘今盡情洩出非故輕之良由偽

注曰增真訣日晦學者每由青年習及皓首莫知適從其受害也實甚故特冒禁直洩以共登斯世於坦途

一發微於難顯信之處必細玩經文傳註及上下文通書之義久之自能深信無疑矣

地理辨正發微目錄

都天寶照經傳發微

地理辨正發微卷一

雲間蔣大鴻平階傳　衡山完初唐南雅發微

青囊經　黄石公授赤松子作

上卷

經曰天尊地卑陽奇陰耦一六共宗二七同道三八爲朋四九作友五十同途闔闢奇耦五兆生成流行終始八體宏布子母分施天地定位山澤通氣雷風相薄水火不相射中五立極臨制四方背一面九三七居旁二八四六縱横紀綱陽以相陰陰以含陽陽生於陰柔生於剛陰德宏濟陽德順昌是故陽本陰陰育陽天依形地附氣此之謂

化始

傳曰此篇以無形之氣爲天地之始而推原道之所從生也夫陽氣屬天而寔兆於地之中聖人作易以明天地之道皆言陰陽之互爲其根者而已天高而尊地下而卑然尊者有下濟之德卑者有上行之義一陰一陽一奇一耦其數參伍所以齊一其形對待所以往來天地之匡廓由此而成四時之代謝由此而運萬物之化育由此而胎夫此陰陽奇耦之道隨舉一物無不有之天地無心聖人無意自然流露而顯其象於河圖遂有一六共宗二七同道三八爲朋四九作友五十同途之

象。聖人因其象而求其義以奇者屬陽而有天一、天三
天五天七、天九、之名耦者屬陰而有地二地四、地六、地
八、地十、之名而有一必有二有三必有四有五必有六
有七必有八有九必有十所謂參伍之數也此一彼二
此三彼四此五彼六此七彼八此九彼十所謂對待之
形也天數與地數各得其五此謂一成之數而百千萬
億無窮之數由此推之天數地數各得其五合二五而
成十盡有五即有十猶有一即有二陰陽自然之道也
故有天之一即有地之六有地之二即有天之七有天
之三即有地之八有地之四即有天之九有天之五即

有地之十。此陰陽之數以叁伍而齊一者也。易曰五位相得。蓋謂此也。而一六在下。則二七必在上。三八在左。則四九必在右。五居中則十亦居中。此陰陽之數對待而往來者也。易曰。五位相得而各有合。蓋謂此也。以其叁伍而齊一。故一奇一耦。燦然而不紊。以其對待而往來。故奇耦之間。一闔一闢。潛然而自應。此生成之所由出也。天一生水。而地六成之。地二生火。而天七成之。天三生木。而地八成之。地四生金。而天九成之。天五生土。而地十成之。一生一成。皆陰陽交媾之妙。二氣相交。而五行兆焉。降於九天之上。升於九地之下。周流六虛無有休息始而終終而復始無一息不流行則無一息不交媾當其無而其體渾然以成當其有而其體秩然有象聖人因河圖之象數而卦體立焉夫河圖止有四象而卦成八體者何也葢一畫成爻爻者交也太始之氣止有一陽○是名太陽口太陽一交而成太陰■是曰兩儀太陰太陽再交而成少陰⌈⌉少陽口並太陰■太陽口是曰四象此河圖之顯象也四象三爻而成八卦☰曰乾☱曰兌☲曰離☳曰震☴曰巽☵曰坎☶曰艮☷曰坤葢即河圖毋方一數析之則有八此河圖之象隱而顯者也故卦之八由於四象爻之三由於三交乾

坤三卦為母六卦為子此八卦之子母也諸卦自為母三爻為子此一卦之子母也以此分施造化布滿宇宙之間於是舉陽之乾為天對以陰之坤為地謂之天地定位天覆於上則地載於下也此陰陽之一交而成天地者也舉陽之艮為山對以陰之兌為澤謂之山澤通氣山載於下則澤受於上也舉陽之震為雷對以陰之巽為風謂之雷風相薄雷發於下則風動於上也舉陽之坎為水對以陰之離為火謂之水火不相射水火平衡形常相隔而情常相親也此三陰三陽之各自為交而生萬物者也先賢以此為先天之卦伏羲所定本於

龍馬負圖而作是則混沌初分天地開闢之象也四象
虛中而成五位此中五者即四象之交氣乾之真陽坤
之真陰皆無形而惟土有形此土之下為黃泉皆坤地
積陰之氣此土之上為清虛皆乾天積陽之氣而土膚
之際平鋪如掌乃至陰至陽乾坤交媾之處水火風雷
山澤凡天地之化機皆露於此故中五者八卦託體儲
精成形顯用之所也故河圖洛書同此中五以立極也
河圖雖有四象而先天陽升陰降上下初分未可謂之
四方自中五立極而後四極劃然各正其方矣有四方
之正位而四維介於其間於是八方立焉統中五皇極

而爲九分而布之一起正北二居西南三居正東四居東南五復居中六居西北七居正西八居東北九居正南謂之九疇此雖出於洛書而實與河圖之數符合天地之理自然發現無不同也布其位曰戴九履一左三右七二四爲肩六八爲足其八方之位適與八方之數均齊聖人即以八卦隸之而次其序曰坎一坤二震三巽四中五乾六兌七艮八離九此四正四維不易之定位也數雖起一而用實首震蓋成位之後少陽用事先天主天而後天主日元子繼體代父爲政也易曰帝出乎震齊乎巽相見乎離致役乎坤說言乎兌戰乎乾勞

乎坎成言乎艮一二三四五六七八九者古今之禪代推移周而復始者也震巽離坤兌乾坎艮者日月之出没四時之氣機運行遷謝循環無端者也先賢以此為後天之卦昔者大禹治水神龜出洛文王因之作後天之卦豈伏羲畫卦之時未有洛書而大禹演疇之時未有後天卦位耶竊以為圖書必出於一時而先天後天卦位亦定於一日伏羲但有卦爻而文王始繫之辭耳河圖洛書非有二數先天後天非有二義也特先天之卦以陰陽之對待者言有彼此而無方隅後天之卦以陰陽之流行者言則有方隅矣至其作卦之旨要在於

陰陽之互根則一也夫易之道貴陽賤陰則陽當爲主而陰當爲輔而此云陽以相陰者何也蓋陽之妙不在於陽而在於陰陰中之陽乃真陽也故陰爲之感而陽來應之似乎陰反爲君而陽反爲相此經言神明之旨也然陽之所以來應乎陰者以陰中本自有之以類相從故來應耳豈非陰含陽乎陰含陽則能生陽矣一切發生之氣皆陽司之則皆陰出之者也剛柔即陰陽陰陽以氣言剛柔以質言易曰乾剛坤柔又曰剛柔相摩八卦相盪八卦之中皆有陰陽則皆有剛柔若以陽爲剛以陰爲柔則宜乎剛生於柔矣而乃云柔生於剛者

何也無形之氣陽剛而陰柔有形之質陰剛而陽柔於有形之剛質又生無形之柔氣質生氣氣還生質故曰柔生於剛也凡其所以能爲相助能爲包含生生不息如是者則以陰之與陽蓋自有其德也惟陰之德能宏大乎陽以濟陽之施故陽之德能親順乎陰以昌陰之化此陰陽之妙以氣相感見於河圖洛書先天後天之卦象者如是由是則可以知天地之道矣天地之道陽常本於陰而陰常能育陽故天非廓然空虛者爲天也其氣常依於有形而無時不下濟地非塊然不動者爲地也其形常附於元氣而無時不上升然則天之氣常

在地中而地之氣皆天之氣陰陽雖曰二氣止一氣耳所以生天生地者此氣所以生萬物者此氣故曰化始也

南雅曰此篇發明河圖洛書之理先天後天之義爲萬世堪輿祖根楊曾得之著天王奧語諸書其中所言雖襍言陰陽無非此篇一六共宗二七同道三八爲朋四九作友之一奇一耦一生一成與夫天地定位山澤通氣雷風相薄水火不相射之一往一來一對一待之妙蘊而其所言挨星亦不過借星言運其實即篇內河洛之數用下篇六甲排行將挨星自一至九次第挨去周

而復始。以運行不息。非真天上有此星宿也。而世人自中陽言過挨星而後。無從捉摸。欲企不能。從此一語道破。閱者倘能將中陽所註寶照天元宮節。一白配貪狼等句。及天玉天地父母三般卦節註。並奧語坤壬乙節註。合此篇河洛之數而細玩之。則挨星之義不問自明矣。挨星明則雌雄交媾陰陽配合之理愈明。而地理之道從此盡矣。讀古人書貴能得間。中陽固多隱曉。而人亦未嘗深悟也

中卷

經曰。天有五星。地有五行。天分星宿。地列山川。氣行於地。

形麗於天。因形察氣。以立人紀。紫微天極太乙之御。君臨四正。南面而治。天市春宮。少微西掖。太微南垣。旁照四極。四七爲經。五德爲緯。運斡坤輿。垂光乾紀。七政樞機流通終始。地德上載。天光下臨。陰用陽朝。陽用陰應。陰陽相見。福祿永貞。陰陽相乘。禍咎踵門。天之所臨。地之所盛。形止氣蓄。萬物化生。氣感而應。鬼福及人。是故天有象。地有形。上下相須而成一體。此之謂化機。

傳曰。此篇以有形之氣爲天地之機。而指示氣之所從受也。上文既引河圖洛書先天後天之理。聖人作易之旨盡於並天地陰陽之道亦盡於此矣。然聖人不自作易其四象八卦皆仰法於天。故此篇專指天象以爲言。夫易之八卦取象於地之五行。然而地有五行。寔因天有五曜。五曜凝精於上。而五行流氣於下。天之星宿五曜之分光列象者也。地之山川五行之成形結撰者也。故山川非列宿而常具列宿之形。觀其形之所呈。即以知其氣之所禀。夫有是形。御是氣。物化自然。初未及乎人事。而聖人仰觀俯察。八紀從此立焉。木爲歲星。其方爲東。其令爲春。其德爲仁。火爲熒惑。其方爲南。其令爲夏。其德爲禮。土爲鎮星。其方爲中央。其令爲季夏。其德爲信。金爲太白。其方爲西。其令爲秋。其德爲義。水爲辰星。其方爲朔。其合爲冬。其德爲智。洪範九疇。所謂敬用五事。嚮用五福。五紀八政。皇極庶徵。皆自此出。故聖人御世宰物。一天地之道也。備言天體。則有七政以司元化。日月五星是也。有四垣以鎮四方。紫微天市大微少微是也。有二十八宿以分布周天。蒼龍七宿。角亢氐房心尾箕。朱鳥七宿。井鬼柳星張翼軫。白虎七宿。奎婁胃昴畢觜參。元武七宿。斗牛女虛危室壁是也。四垣即四象。七政即陰陽五行之根本。其樞在北斗。而分之四方。爲二十八宿。故房虛昴星應日。心危畢張應月。角斗奎井應歲星。尾室觜翼應熒惑。亢牛婁鬼應太白。箕壁參軫應辰星氐女胃柳應鎮星臨制其方各二七政也渾天周匝雖云四方而已備八卦二十四爻之象矣非經無以立極非緯無以造化一經一緯真陰真陽之交道也交道維絡而後天之體環周而固於外地之體結束而安於中此元氣之流行自然而成器者也其始無始其終無終包羅六合入於無間雖名陰陽一氣互根人能得此一氣則生者可以善其生而死者可以善其死地理之道蓋人紀之端此端既立則諸政以次應之故聖人重其事其用在地而必求端於天本其氣之所自來也然氣不可見而形可見不可見之氣即寓於有

可見之形形者氣之所成而即以載氣氣發於天而載之者地氣本屬陽而載之者陰故有陰即有陽地得其所則天氣歸之天地無時不交會陰陽無時不相見相見而得其沖和之正則爲福德之門相見而不得其沖和之正即爲相乘而爲禍咎之根禍福殊途所爭一間良足畏也且亦知星宿之所以麗於天山川之所以列於地者乎天之氣無往不在而日得天之陽精而恒爲日月得天之陰精而恒爲月五曜得天五氣之精而恒爲緯至於四垣二十八宿衆星環列又得日月五星之精而恒爲經此則在天之有形者有以載天之氣也地

之氣無往不在而山得日月五星之氣而恒爲山川得日月五星之氣而恒爲川此則在地之有形者有以載地之氣也列宿得天之氣而生於天列宿與天爲一體也山川得地之氣而生於地山川與地爲一體也萬物之生於天地何獨不然夫萬物非能自生借天地之氣以生然天地非有意於生萬物萬物自有地焉適與天地之氣相遇於窅冥恍惚之中夫有所沾濡焉夫有所絪縕焉夫有所苞孕焉遂使天地之氣止而不去積之累之與物爲一乃勃然以生耳地理之道必使我所取之形足以納氣而氣不我去則形與氣交而爲一必使

我所據之地足以承天而天不我隔則地與天交而爲一夫天地形氣既合而爲一則所塟之骨亦與天地之氣爲一而死魄生人氣脉灌輸亦無不一福應之來若機張審括所謂化機也不然蓄之無門止之無術雖周天列宿炳燿中天而我不蒙其照雖大地陽和滂流八表而我不沾其澤天爲匡廓地爲禍壤骨爲速朽子孫爲寄生我未見其獲福也可不慎哉可不慎哉

南雅曰此篇是教人看天星之法言天有是象地即有是形地有是形皆原天有是象天垂象地成形而人於其中斟酌氣運氣運貫通則爲陰陽相見爲福爲祿氣

運阻隔則爲陰陽相乘爲禍爲咎蔣子註天玉天星節謂逢生旺則稱爲吉神逢死絕則稱爲惡曜即此意也而世之擇地者必使我所取之形所據之地能招攝天之陽氣能止能蓄不去不散天臨之地盛之天與地相合而爲一體於是則我所取之形所據之地方爲有用而上下四旁所呈所設亦不虛生以此安塋而猶不能蔭死魄福生人也則未之前聞

下卷

經曰無極而太極也理寓於氣氣囿於形日月星宿剛氣上騰山川草木柔氣下凝資陽以昌用陰以成陽德有象

陰德有位地有四勢氣從八方外氣行形內氣止生乘風則散界水則止是故順五兆用八卦排六甲布八門推五運定六氣明地德立人道因變化原終始此之謂化成

傳曰此篇申言形氣雖殊而其理則一示人以因形求氣爲地理入用之準繩也易曰易有太極是生兩儀太極者所謂象帝之先先天地生能生天地萬物之祖根也本無有物無象無數無方隅無往不在言太極則無極可知後賢立說慮學者以太極爲有物故申言以明之曰無極而太極也大而天地細爲萬物莫不各有太極物物一太極一物全具一天地之理人知大極物物

皆具則地理之道思過半矣理寓於氣氣一太極也氣囿於形形一太極也以至日月星辰之剛氣上騰以剛中有太極故能上騰山川草木之柔氣下凝以柔中有太極故能下凝質陽以昌質之以太極也用陰以成用之以太極也太極之所顯露者謂之象而其所宣布者謂之位地無四勢以太極乘之而命之爲四勢氣無八方以太極御之而命之爲八方勢與方者其象其氣而命之爲勢爲方者其極極豈有定耶則勢與方亦豈有定耶四勢之中各自有象則八方之中亦各自有氣然此謂方之氣皆流行之氣四方成形只謂之外氣尚任

其流行而無止蓄則從八方而來者還從八方而去千山萬水僅供耳目之玩如傳舍如過客總不足以濬發靈機滋孳元化必有爲之內氣者焉所謂內氣非內所自有即外來流行之氣於此乎止有此一止則八方之行形者皆招攝翕聚乎此是一止而無所不止於此而言太極乃爲真太極矣無所不止則陽無不資陰無不用而生生不息之道在其中矣太極生兩儀兩儀生四象四象生八卦萬事萬物皆胚胎乎此前篇所謂形止氣蓄萬物化生蓋謂此也然但言止而不申明所以止之義非世之審氣者茫然無所措乎故舉氣之最大而

流行無間者曰風曰水夫風有氣而無形稟乎陽者也水有形而兼有氣稟乎陰者也然風稟乎陽而陽中有陰焉水稟乎陰而陰中有陽焉二者皆行氣之物氣之陽者從風而行氣之陰者從水而行而行陽氣者反能散陽以陽中有陰也行陰氣者反能止陽以陰中有陽也大塊之間何處無風何處無水風原不能散氣所以噓之使散者病在乎乘水原不能止氣所以吸之使止者妙在乎界苟能明乎乘與界之義審氣以定太極之法槪可知矣上文反覆推詳皆泛言形氣之理至是乃寔指理之用於是總括其全為順五兆以五星之正變

審象也○用八卦○以八方之衰旺審位也○排六甲○以六甲之紀年審運也○布八門○以八風之開合審氣也○地理之矩矱盡於此矣○推五運○以五紀之盈虛審歲也○定六氣以六氣之代謝審合也○謹歲時以扶助○地理之素備盡於此矣○如是則太極不失其正○而地德可明然聖人之明地德也○非徒邀福而已○蓋地之五行得其順○則人之生也○五德備其全○而五常若其性○聖賢豪傑接踵而出○而禮樂政刑無不就理○豈非人道自此立乎○然此亦陰陽變化自然之妙○雖有智者不能私意妄作○夫亦爲知其所以然因之而已○夫人地奠親○乃慎終之事○而子孫之

世澤皆出其中則人道之所以終即爲人道之所以始然則斯道也者聖人開物成務無有大於此者也謂之化成宜哉

南雅氏曰此篇乘風則散界水則止二語以上是示人因形求氣以定太極之法順五兆用八卦二語以下是示人辨旺衰審休咎謹歲時以用太極之法一定一用太極無處逃遁而地理之道已無餘蘊矣

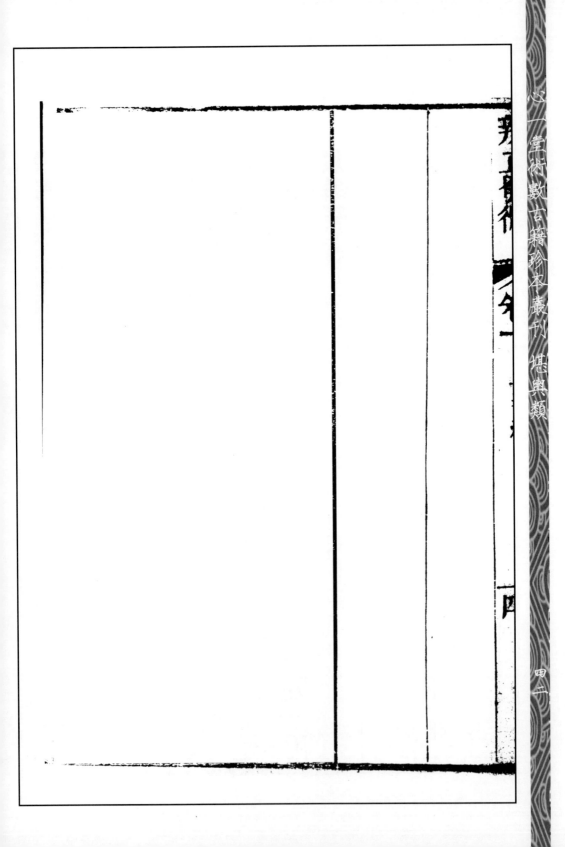

地理辨正發微卷二

華亭蔣大鴻平階傳　衡山完初唐南雅發微

青囊序　唐曾求己公安著

楊公養老看雌雄天下諸書對不同

傳雌雄者陰陽之別名乃不云陰陽而云雌雄者言陰陽則陰自爲陰陽自爲陽疑乎對待之物互顯其情者也故善言陰陽者必言雌雄觀雌則不必更觀其雄而知必有雄以應之觀雄則不必更觀其雌而知必有雌以配之天地兩大雌雄也山川雌雄中之顯象者也地有至陰之氣以招攝天之陽精天之陽氣日下交乎地

而無形可見止見其草木百穀春榮秋落蛟龍虫豸升騰蟄藏而已故聖人制婚姻男先乎女亦以陰之所在陽必求之山河大地其可見之形皆陰也實有不可見之陽以應之所謂雌雄也故地理家不曰地脉而曰龍神言變化無常不可以迹求者也青囊經所謂陽以相陰陰以含陽者此雌雄也所謂陽本陰陰育陽者　雌雄也所謂陰用陽朝陽用陰應者此雌雄也所謂奮陽以昌用陰以成者此雌雄也楊公得青囊之秘洞徹陰陽之理晚年其術益精以此濟世即以此養生然秘密惟有看雌雄之一法耳此外更無他法夫地理之書汗

牛充棟獨此一法不肯筆之於書先賢口口相傳間世一出蓋自管郭以來古今知者不能幾人既非聰明智巧可能推測又豈閱覽博物所得與聞會者一言立曉不知者累牘難明若欲向書卷中求之更河漢矣故曰天下諸書對不同也曾公安親受楊公之秘故其所言深切著明如此彼公安者豈欺我哉

南雅氏曰雌雄者山水相配也此雌雄原是活的山陰屬雌水陽屬雄有時順受其正則雌即是雌雄即是雄有時逆攝其靈則雌宜化雄雄宜化雌或有雌雄失配而雌不能以自持或有有雌無雄而雌宜倒用此所以

對不同也。

先看金龍動不動。次察血脉認來龍。

傳此下乃言看雌雄之法也。金龍者氣之無形者也。龍本非金而茲云金龍者。乃乾陽金氣之所生。故曰金龍。動則屬陽。靜則屬陰。氣以動為生。以靜為死。生者可用。死者不可用。其動大者大用之。其動小者小用之。此以龍之形象言也。形象既得。斯可辨其方位矣。血脉即金龍之血脉。非龍而實龍之所自來。所謂雌雄也。觀血脉之所自來。即知龍之所自來矣。察者察其血脉之來自何方也。知血脉之來自何方。即可認龍之來自何方矣。

此[illegible][illegible]看雌雄秘訣。而非世人倒杖步量之死格局也。

南雅氏曰。金龍動。來脉乘時也。不動不乘時也。血脉水也。來龍水之來路也。必要先看得金龍得時不得時。而後方可察認水路之相合不相合耳。

龍分兩片陰陽取。水對三义細認踪。

傳兩片。卽雌雄。陰在此。則陽必在彼。兩路相交也。三义卽後城門界水合處。必有三义細認踪。卽察血脉以認來龍也。知三义之在何方。則知來龍之屬何脉矣。

南雅氏曰。山一片。水一片。合爲兩片。山水交媾乃是陰陽。去水合襟。號曰三义。

江南龍來江北望。江西龍去望江東。

傳此所謂兩片也。金龍本在江南而所望之氣脉反在江北。金龍本在江西而所望之氣脉反在江東。葢以有形之陰質。求無形之陽氣也。楊公看雌雄之法。皆從空處爲眞龍。故立其名曰大元空。雖云兩片實一片也。江南雅氏曰。金龍本在江南而所望之氣脉却在江北江北水旺故也。金龍本在江西而所望之氣脉反在江東江東水旺故也。脫金龍在江南而或不得江北水而得江西水。金龍在江西而或不得江東水而得江南水。雖云兩片。實無用也。

是以聖人卜河洛。瀍澗二水交華嵩。相其陰陽觀流泉。卜世卜年宅都宮。

傳此即周公卜洛。以証地理之道。惟在察血脉認來龍也。聖人作都。不言華嵩之脉絡。而言瀍澗之相交。則知所認之來龍。認以瀍澗也。又引公劉遷豳之相陰陽觀流泉。以合觀之。見聖人作法。千古一揆。

南雅曰。瀍澗華嵩陰陽流泉。即古聖賢看雌雄之法。

晉世景純傳此術。演經立義出元空。朱雀發源生旺氣。一一講說開愚蒙。

傳推原元空大卦。不始於楊公。蓋郭景純先得青囊之秘。演而立之直追周公制作之精意者也。乃其義不過欲朱雀發源得生旺之氣也。來源既得生旺。即是來龍生旺。而諸福坐致矣。來源若非生旺。則來龍亦非生旺。而禍不旋踵矣。景純當日以此開喻愚蒙。其如愚蒙之領會者少也。

南雅曰。此生旺非長生帝旺之生旺。乃元空大卦認氣之生旺。元空大卦。山水各一生旺。此獨言水者。有水之山以水爲主。來水既歸生旺矣。則山可以不問也。

一生二兮二生三。三生萬物是元關。山管山兮水管水。此是陰陽不待言。

傳陰陽之妙用始於一。有一爻即有三爻。有一卦即有三卦。故曰一生二。二生三。此乃天地之元關。萬物生生之橐籥也。又恐人認山水為一。而不知辨别。故言山之元關自管山。水之元關自管水。不相混雜。葢山有山之陰陽。而水有水之陰陽耳。通乎此義。則世之言龍穴砂水者。真未夢見矣。

南雅曰。運逢上元。東四卦收山。西四卦收水。運轉下元。西四卦收山。東四卦收水。山之生旺。不可用之於水。水之生旺。不可用之於山。得此山水分管之法。即是陰陽兩片。即是看雌雄之訣。

識得陰陽元妙理。知其衰旺生與死。不問坐山與來水。但逢死氣皆無取。

傳此節暢言地理之要。只在衰旺生死之辨也。衰旺有運。生死乘時。陰陽元妙之理。在乎知時而已。坐山有坐山之生旺。來水有來水之生旺。所謂山管山。水管水也。二者皆須趨生而避死。從旺而棄衰。然欲識得此理。非真知河洛之秘者。不能。豈俗師所傳龍上五行收山向上五行收水。順逆長生之說。所能按圖索驥者乎。

南雅氏曰。元空之妙用。惟在知時得時則生。失時則死。坐山來水皆然。坐山以生為生。死為死。來水以死為生生爲死。卽上文山水分管之法。

先天羅經十二支。後天再用干與維。八干四維輔支位。子母公孫同此推。

傳。羅經二十四路。已成之跡。人人所知。何須特舉此節。非言羅經制造之法。蓋將羅經直指雌雄交媾之元關。以明衰旺生死之作用爾。十二支乃周天列宿之十二次舍。故曰先天。地道法天。雖有十二宮。而位止八卦。每卦三爻。則十二宮不足以盡地之數。故十干取戊己歸中。以爲皇極。而分八干以爲四正之輔佐。然猶未足卦爻之數。遂以四隅四卦補成三八。於是卦爲之母。而二十四路爲之子焉。卦爲之公。而二十四路爲之孫焉。識得子母公孫。則雌雄之交媾在此。金龍之血脉在此。龍神之衰旺生死。亦盡乎此矣。

南雅氏曰。八干四維十二支。總從八卦中來。總以八卦爲主。八卦爲母。則二十四路爲子。八卦爲公。則二十四路爲孫。看雌雄看以八卦。辨衰旺辨以八卦。論交媾論以八卦。若於二十四路上分之。則支離矣。

二十四山分順逆。共成四十有八局。五行即在此中分。祖宗卻從陰陽出。陽從左邊團團轉。陰從右路轉相通。有人識得陰陽者。何愁大地不相逢。

傳此一節申言上文未盡之旨也子母公孫如何取用葢二十四山止應二十四局而一山之局又有順逆不同如有順子一局卽有逆子一局一山兩用豈非四十八局乎此局得何五行則龍神得何五行五行不在此中分乎然五行之根源祖宗非取有形可見有跡可尋之二十四山分五行乃從元空大卦雌雄交媾之真陰真陽分五行也論至此元空大卦之義幾乎盡矣而恐人不知陰陽爲何物又重言以申明之曰如陽從左邊團團轉則陰必從右邊轉相通言有陰卽有陽有陽卽有陰所謂陰陽交媾元空大卦之秘旨也言左右則上

下四旁皆如是矣此即上文龍分兩片江南龍來江北望之意而反覆言之者也其奈世人止從形跡上着眼不能領取元空大卦之妙故又發嘆曰有人識得此理者乃真陰陽真五行真血脉真龍神隨所指點皆天機之妙何愁大地不相逢乎若不識此理雖大地當前目迷五色未有能得其真者也

南雅曰二十四山分順逆即山水互相變換順時則陰即是陰陽即是陽爲二十四逆時則陰宜化陽陽宜化陰爲二十四一山兩用合爲四十八局二十四山又各有五行然五行非壬癸水丙丁火之正五行又非申子

辰坤壬乙之雙山五行。其根源祖宗。乃出於八卦九星。陰陽交媾之大五行。陽在此則陰在彼。陰在此則陽在彼。相時爲轉移。果認得眞時。則二十四山隨所指點。自能合法。夫何憂大地之不我獲哉。

陽山陽向水流陽。執定此說甚荒唐。陰山陰向水流陰。笑殺拘泥都一般。若能勘破個中理。妙用本來同一體。陰陽相見兩爲難。一山一水何必言。

傳又言所謂識得陰陽者。乃元空大卦眞陰眞陽。而非世之所謂淨陰淨陽也。若據淨陰淨陽之說。則陽山必須陽向。而水流陽。陰山必須陰向。而水流陰。時師拘拘於此而不知其實無益也真陰真陽自有個中之妙世人不得真傳無從勘破耳若有明師指點一言之下立時勘破則知不但淨陰淨陽不可分所謂真陰真陽者雖有陰陽之名而止是一物又何從分既知陰陽爲一物則隨手拈來無非妙用山與水爲一體陰與陽爲一體二十四山卦氣相逼者皆爲一體矣夫淨陰淨陽者一山止論一山之陰陽一水止論一水之陰陽故拘執有形不能觸類旁通耳元空大卦一山不論一山之陰陽而論與此山相見之陰陽一水不論一水之陰陽而論與此水相見之陰陽所以爲難知難能而入於微妙

之域。此豈淨陰淨陽之說所可同年而語哉。
南雅氏曰。上四句是闢俗術之非。下四句是言元空之理。
二十四山雙雙起。少有時師通此義。五行分布二十四。時師此訣何曾記。
傳此。卽二十四山分順逆之義。而重言以嘆美之。雙雙起者。一順一逆。一山兩用。故曰雙雙也。五行分布者。二十四山各自爲五行。不相假借也。雖云如此。而其中實有奧義。惟得秘訣者。乃能通之。時師但從書卷中搜索。必不得之數也。於此可見二十四山成格有定。執指南

者人人能言之而微妙之機不可測識矣

南雅氏曰二十四山雙雙起乃一順一逆一山兩用卽上文四十八局五行分布二十四卽八卦九星所屬之五行

山上龍神不下水水裡龍神不上山用此量山與步水百里江山一晌間

傳此卽上文山管山水管水之義而重言以嘆美之且又以世之論龍神但以山之脈絡可尋者爲龍神卽其所用水法亦以山龍之法下求平水以實其用耳不知山與水乃各自有龍神也特爲指出以正告天下後世

焉山上龍神以山爲龍者也專以山之陰陽五行推順逆生死而水非所論水裡龍神以水爲龍者也專以水之陰陽五行推順逆生死而山非所論剛柔異質燥濕殊性分路揚鑣不相借也即有山龍而兼得水龍之氣者亦山自爲山水自爲水非可以山之陰陽五行混入乎水之陰陽五行也山則量山以辨山之純雜長短水則步水以辨水之純雜長短得此山水分管之法百里江山一覽在目此青囊之秘訣亦青囊之提訣也嗚呼此言自曾公安剖露以來今幾何年矣而世無一人知者哀哉

南雅氏曰山上龍神以正神爲旺非若水裡龍神以零神爲旺故不下水水裡龍神以衰敗爲生非若山上龍神以生旺爲生故不上山卽上文山水分管之義而反覆咏嘆者也

更有淨陰淨陽法前後八尺不宜雜斜正受來陰陽取氣乘生旺方無煞來山起頂須要知三節四節不須拘只要龍神得生旺陰陽卻與穴中殊

傳此淨陰淨陽非陽龍陽向水流陽之淨陰淨陽也葢龍脈止從一卦來則謂之淨若雜他卦卽謂之不淨而辨淨與不淨尤在貼身一節或從前來或從後至須極

清純不得混雜。八尺言其最近也。言此尤爲扼要。所謂血脉也。一節以後。則少寬矣。此節須純乎龍運生旺之氣。若一雜他氣。卽是煞氣。吉中有凶矣。來水如此。來山亦然。須審其起頂出脉結穴。一二節之近。要得龍神生旺之氣。葢龍頂上聚受氣廣博。能操禍福之柄。卽或直來側受之穴。結穴之處。與來脉不同。而小不勝大。可無虞也。此以知山上龍神。水裡龍神。皆以來脉求生旺。而尤重在到頭一節。學者不可不愼也。

南雅氏曰。前半是言水龍一卦純清。後半是言山龍一卦純清。總以到頭一節爲定。到頭不混雜。此爲貞吉。又要看其生旺衰敗。生旺可用。衰敗不可用也。
天上星辰似織羅。水交三叉要相過。水發城門須要會。郤如湖裡雁交鵝。
傳此以天象之經緯。喻水法之交會也。列宿分布周天。而無七政以交錯其中。則乾道不成。而四時失紀矣。幹水流行地中。而無支流以界割其際。則地氣不止。而立穴無據矣。故二十四山之水。其間必有交道相過。然後血脉真而金龍動。大幹小支。兩水相會。合成三叉而出。所謂城門者是也。湖裏雁交鵝。言一水從左來。一水從右來。兩水相遇。如鵝雁之一往一來也。詳言水能審脉

之法則立穴之妙在其中矣

富貴貧賤在水神。水是山家血脈精。山靜水動晝夜走。水主財祿山人丁。乾坤艮巽號御街。四大尊神在內排。生尅須憑五行布。要識天機元妙處。乾坤艮巽水長流。吉神先入家豪富。

傳乾坤艮巽。各有衰旺生死。非可概用。須用五行辨其生尅。生即生旺。尅即衰死。生為吉神。死為凶神。要元空大卦。故云天機元妙處。

南雅氏曰。乾坤艮巽雖號御街。然欲用之。總不可妄用。有此卦乘時則彼卦失運。彼卦乘時則此卦失運。其生

尅須從元空大卦五行上排定生旺者用之死尅者棄之然後水流四卦有吉無凶此所以要識其中元妙而不可徒以御街之名美而槪用之也

請驗一家舊日墳十墳埋下九墳貧惟有一墳能發福去水來山盡合情

南雅氏曰此節是教人看古格以驗吉凶之法卽形家亦何莫不然而世之懶於步山者果能有得於心否也

宗廟本是陰陽元得四失六難爲全三才六建雖爲妙得三失五盡爲偏蓋因一行擾外國遂把五行顚倒編以訛傳訛竟不明所以禍福爲胡亂

傳此節旁引世俗五行之謬。以見地理之道。惟有元空大卦。看雌雄之法。所以尊師傳戒後學也。蓋唐以後諸家五行雜亂而出。將以擾外夷。而反以亂中華。至今以訛傳訛。流毒萬世。曾公所以辨之深切也歟。

地理辨正發微卷三

國朝姜　垚汝皋註　衡山唐南雅寶善發微

青囊奥語　唐楊益筠松撰

註楊公得青囊正訣約其旨爲奥語以元空之理氣用五行之星體而高山平地之作法已該括於其中然非得其眞傳口訣者索之章句之末終不能辨謂之奥語誠哉其奥也

坤壬乙巨門從頭出艮丙辛位位是破軍巽辰亥盡是武曲位甲癸申貪狼一路行

註挨星五行卽九星五行也貪巨祿文廉武破輔弼一

一挨去。故曰挨星。元空大卦五行。亦卽挨星五行。名異而實同者也。此五行原本洛書九氣。而上應北斗。主宰天地化育之道。幹維元運。萬古而不能外者也。此九星與八宮掌訣九星不同。唐使僧一行作卦例。以擾外國。耑取貪巨武爲三吉。其寔非也。夫九星乃七政之根源。八卦乃乾坤之法象。皆天寶地符精華妙氣。顧於其中分彼此。比優劣。眞庸愚之識。詭怪之談矣。止是天地流行之妙。與時相合者吉。與時相背者凶。故九星八卦。本無不吉。而有時乎吉。本無有凶。而有時乎凶。所以其中有趨避眞機。妙用全須秘密耳。眞知九星者。豈惟貪巨武爲三吉即破祿廉文輔弼五凶亦有吉時眞知八卦者。豈惟坎離乾坤四陽卦爲凶即震巽艮兌四陰卦亦有凶時。斯得元空大卦之眞訣矣。與語首揭此章。乃挨星大卦之條例。坤壬乙非盡巨門而與巨門爲一例。艮丙辛非盡破軍而與破軍爲一例。巽辰亥非盡武曲而與武曲爲一例。甲癸申非盡貪狼而與貪狼爲一例。此中隱然有挨星口訣。必待眞傳。人可推測而得也。

南雅曰。此節言挨星條例。元空大卦以貪狼配一白。巨門配二黑。祿存配三碧。文曲配四綠。廉貞配五黃。武曲配六白。破軍配七赤。左輔配八白。右弼配九紫。即首句而論是言巨門而又不獨指坤卦必錯舉坎中之壬震中之乙者以壬屬坎爲貪狼乙屬震爲祿存皆同時之物名曰三吉至其立言本旨不過故爲顛倒其詞使人不易測識非有他秘也餘照此推○又按綜星原備二十四山今祇載十二山尚遺十二其十二云子未卯三位祿存倒寅庚丁以例作輔星午酉丑右弼輪到九戌乾巳文曲共廉次特錄出無使之遺漏云

左爲陽子癸至亥壬右爲陰午丁至巳丙

註此節言大五行陰陽交媾之例如陽在子癸至亥壬則陰必在午丁至巳丙矣自子至壬自午至丙路路有

陽路路有陰以此爲例須人自悟也非拘定左邊爲陽右邊爲陰若陰在左邊則陽又在右邊矣亦可云左右亦可云東西亦可云前後亦可云南北皆不定之位雌雄交媾非有死法故曰元空

南雅曰此陰陽是直指出元空大卦山水交媾之法如子癸收山即午丁收水午丁收山即子癸收水一山一水一陰一陽品配爲用但陰陽交媾非獨此對待一法然即此可以旁悟

雌與雄交會合元空雄與雌元空卦內推

註元空之義見於曾序江南節註

南雅氏曰。雌雄交會。即上文陰陽交媾之法。然必深知元空之義。而後方用得雌雄着耳

山與水須要明此理。水與山禍福盡相關。

註山有山之卦氣。水有水之卦氣。脫不得陰陽交媾之理。山有山之禍福。水有水之禍福。有山禍而水福。有山福而水禍。有山水皆福。有山水皆禍。互相關涉。品配為用。

南雅氏曰。山有山運。水有水運。得其性情。則山水皆福。失其性情。則山水皆禍

明元空只在五行中。知此法不須尋納甲

註九星五行大卦之法只明元空二字之義則衰旺生死瞭然指掌之間不必尋乾納甲坤納乙艮納丙巽納辛之天地父母一行所造之卦例矣。

顛顛倒二十四山有珠寶順逆行二十四山有火坑。

註顛倒順逆皆言陰陽交媾之妙二十四山陰陽不一。吉凶無定合生旺則吉逢衰敗則凶山山皆有珠寶山山皆有火坑毫釐千里間不容髮非眞得青囊之秘何能辨之乎。

南雅曰二十四山皆是死的惟有氣數是活的氣數一來山山珠寶氣數一去山山火坑然尤有川應得珠寶

因水不應得珠寶而山反落火坑者亦有山應落火坑
因水不應落火坑而山反得珠寶者且有山應得珠寶
并無水而落火坑山應落火坑并無水而得珠寶者更
有山在珠寶火坑之中因水不應落火坑而山悉得珠
寶山在珠寶火坑之中因水不應得珠寶而山盡落火
坑者至奧至奧難言難言

認金龍一經一緯義不窮動不動直待高人施妙用

註易云乾爲龍乾屬金乃指先天眞陽之氣無形可見
者也地理取義於龍正謂此耳一經一緯卽陰陽交媾
之妙金龍之經緯隨處而有而動與不動去取分焉必

其龍之動而妙用出焉若不動者不可用也金龍既屬
無形從何可認認得動處卽知用法此所以有待高人
也歟
南雅曰一經一緯是看金龍之法動與不動是用金龍
之法動則生旺生旺則金龍之經緯可用不動則死絕
死絕則金龍之經緯不可用然此豈人人能之哉是必
識智過人之高人而後可
第一義要識龍身行與止第二言來脉明堂不可偏第三
法傳送功曹不高壓第四奇明堂十字有元微第五妙前
後青龍兩相照第六秘八國城門鎖正氣第七奥要向天

心尋十道第八裁屈曲流神認去來第九神任他平地與青雲第十眞若有一缺非眞情

註上節言金龍之動不動而此節緊頂龍身行與止爭者不可忽也蓋有動則有止不動則雖有金龍只是行龍原無止氣故高人妙用以此爲第一有此一着然後其餘作法可次第而及也來脉明堂不偏非謂來脉必與明堂直對不可偏側若如此云則午龍必作子向亥龍必作巳向矣來龍結穴變化不一有直結者有橫結者有側結者豈容執一楊公之意蓋謂來脉自有來脉之受氣明堂自有明堂之受氣二者各乘生旺兼而收

之不可偏廢也傳送功曹乃左右護龍星辰蓋眞龍起頂必高於護砂乃爲正結若左右二星反壓本山非龍體之正矣平地亦然貼身左右有高地掩蔽陽光房分不利俗術所不覺也十字元微乃裁穴定向之法雖云明堂寔從穴星內看十字明此十字則穴之上下左右向之偏正饒減盡於此矣其云元微誠哉其元微也與前後青龍兩相照從案托龍虎定穴法者此義易知入國城也入國有不滿之處是曰氣門蓋城門通正氣之出入而入國鎖之觀其鎖定之方便知是何卦之正氣以察衰旺而定吉凶也故曰秘天心十道緊頂入國城

門而來葢城門既定入國之來踪而又當於穴內分淸十道乃知入穴正氣廣狹輕重銖兩平衡之辨故曰與此兩節專言入穴測氣非論形勢也不然則與明堂十字前後靑龍兩條不幾於複乎屈曲流神已是合格之地然有此卦來則吉彼卦來則凶者槪以屈曲而用之誤矣須有裁度乃可變通取用故曰裁以上皆審氣之眞訣至微至渺者一着不到將有滲漏而失眞情矣平地高山總無二法上八句是各一義末二句不過叮嚀以囑之語氣湊拍借成十節耳

兩雅曰篇內城門是看氣的弗混作消水城門看若混

作消水城門看則生旺必病而禍福顛倒矣。

明倒杖卦坐陰陽何必想。

註此以下二節專指山龍穴法與平地無涉因世人拘執淨陰淨陽之說故一語破之倒杖非加俗傳十二倒杖法此後人僞造也只接脉二字足盡倒杖眞訣既知接脉便知眞穴既得眞穴便有眞向自然之陰陽已得又何必淨陰淨陽之拘拘哉。

識掌模太極分明必有圖

註山龍眞穴必有太極暈藏於地中此暈變化不同而其理則一非道眼孰能剖露哉。

南雅氏曰太極暈有兩種有內暈有外暈外暈可察內暈不可察內暈在地中開到中間見有色土層層包來如雞卵一般此是內暈外暈在地面芟除草木見有圓光或隱或顯如滿月一般此是外暈內暈不必拘其有無外暈則斷不可少無暈卽無穴矣內暈雖不可察開出來時便明白了外暈雖可察然總在依稀有無間全憑兩隻眼睛審辨出來此所以眞形正穴布滿寰區而得之者卒鮮此道限之耳業斯術者可不勉哉

知化氣生尅制化須熟記

註生旺之氣爲生衰敗之氣爲尅扶生旺之氣勝然衰敗

之氣是爲制化此二節兼平地而言
南雅曰生尅制化其言雖約其理則該如一白當元一白卽生九紫卽尅若龍來壬亥全用丙午水是爲制化
說五星方圓尖秀要分明曉高低星峰須辨得元微鬼與曜生死去來眞要妙
註此三節皆論山龍形體不須另解鬼曜之生死去來是辨龍穴之要着也龍之轉結者背後必有鬼有穴星如許長而鬼亦如許長者俗眼難辨有反在鬼上求穴者不知穴星是來脉爲生鬼身是去脉爲死察其去來而眞僞立辨矣盡龍左右龍虎都生曜氣向外反張有

似乎砂之飛走者。此眞氣有餘。直衝上前。而餘氣帶轉。如人當風振臂。衣袖飄揚。反向後也。在眞龍正穴。則爲曜氣。在無有穴之地。則爲砂飛。此其辨在龍穴。而不在砂也。

向放水。生旺有吉休囚否。

註向中放水。世人莫不以來水特朝爲至吉。去水元辰走洩爲至凶。殊不知向上之水。不論去來。若合生旺。則來固吉。去亦吉。若逢休囚。則去固凶。來亦凶。楊公因向上之水。關係尤緊。其說最能誤人。故特辨之。

二十四山分五行。知得榮枯死與生。翻天倒地對不同。其中秘密在元空認龍立穴要分明在人仔細辨天心天心既辨穴何難但把向中放水看從外生入名爲進定知財寶積如山從內生出名爲退家內錢財皆廢盡生入尅入名爲旺子孫高官盡富貴

註元空大卦之妙祗翻天倒地對不同七字二十四山既分定五行則榮枯死生宜有一定矣及其入用有用於此時則吉用於彼時則凶者時之對不同者其一也有用之此處則吉用之彼處則凶者物之對不同者又其一也此其秘密之理非傳心不可天心卽上文第七奧之天心另有辨法非時師所謂天心十道也若如時

師之說。又何用仔細耶。天心既辨。則穴中正氣已定。而撓其權者在向中。所放之水也。從外生入。從內生出。此言穴中所向之氣也。我居於衰敗而受外來生旺之氣。所謂從外生入也。我居於生旺而受外來衰敗之氣。似乎我反生之。故云從內生出也。此言穴中所向之氣。穴中既有生入之氣矣。而水又在衰敗之方。則水來尅我。適所以生我也。內外之氣。一生一尅。皆成生旺。兩美相合。諸福畢臻。此所以高官富貴。有異於常也。此其中正有對不同者存焉。

南雅氏曰。天心即洛書。九運當元之一卦。向中放水。即

前面所論之水山宜居於當元水宜居於失運一生一剋反爲全吉此元空之妙所以無人測識也

脉息生旺要知因龍歇脉衰災禍侵縱有他山來救助空勞祿馬護龍神

註此下二節總一篇之意言先尋龍脉以定穴之有無次論九星以辨氣之吉凶也此一節先言形體而以來龍之脉息爲重外砂之護夾爲輕

勸君再把星辰辨吉凶禍福如神見識得此篇眞妙微又見郭璞再出現

註此一節乃言卦氣而以九星大五行爲主言如上節

所云雖得來龍脉息之眞穴而吉凶禍福尚未能取必
勸君再將挨星訣法細審衰旺生死而後可趨吉而避
凶轉禍而爲福一篇之旨不過如此苟能識其微妙前
賢與後賢一般見識一般作用青囊三卷更無餘義矣

男介受祺校刊

奧語終

地理辨正發微卷四

杜陵蔣大鴻平階傳　衡山唐南雅賈善發微

天玉經　唐楊益筠松譔

內傳上

江東一卦從來吉八神四個一江西一卦排龍位八神四個二南北八神共一卦端的應無差

傳天玉內傳即青囊奧語挨星五行元空大卦之理楊公妙用止有一法更無二門此乃反覆其詞以授曾公安者也江南江北江東江西會序已先下註腳矣但南北東西應有四卦而此云三卦者緣元空五行八卦排

來止有三卦故也江東一卦者卦起於西所謂江西龍去望江東故曰江東也八神即八卦之中經四位而起父母故曰八神四個言八神之中歷四位也一者此一卦止管一卦之事不能兼通他卦也江西一卦者卦起於東反而言之即謂江東龍去望江西亦可故曰江西也亦於八卦之中經四位而起父母故亦曰八神四個二者此一卦兼管二卦之事而不能全收三卦也比如坎至巽乃第四位巽至兌亦第四位八卦之中各經四卦故曰八神四個也南北八神者乃江北一卦所謂江南龍來江北望也不云四個者此卦突然自起不經位

數與東西兩卦不同也。八神共二卦者，此卦包含三卦，總該八神，又非八神四個二之比也。夫此東西南北三卦，有一卦止得一卦之用者，有一卦兼得二卦之用者，有一卦盡得三卦之用者，此爲元空大卦秘密寶藏，非眞傳正授，斷不能洞悉其妙也。

南雅曰：此節是直分三元。江東卦指中元，江西卦指下元，南北卦指上元。中元巽統，巽居東，故曰江東。八神卽八卦，四個卽四位，一者於八卦之中歷一個四位也。下元兌統，兌居西，故曰江西。八神亦卽八卦，四個亦卽四位，二者於八卦之中歷兩個四位也。由上元而起中元父母則必由坎至巽坎一巽四是一個四個豈非四個一平由上元而起下元父母不但由坎至巽且必由巽至兌坎至巽是一個四個巽至兌又一個四個豈非四個二平南北八神共一卦是以上元兼包三元言不言四個若原元運始於坎而終於離坎爲三元總統其卦突然自起非若巽兌之必循序而來也此節分三元蔣氏已見一斑但東西一二解義尚欠妥愜不若如此說來尤爲直捷了當○按元運出自洛書洛書九宮每宮管事二十年上元甲子甲戌二十年屬一白管事甲申甲午二十年屬二黑管事甲辰甲寅二十年屬三碧管

事。二三如六十年而上元終。由是三週花甲九運洛書而三元成。五黃無據。寄居乾巽兩宮。故中元四綠六白各管事三十年。若同治三年甲子是上元頭一個甲子推元運者。依此次第推去。至於萬世不易也。

二十四龍管三卦。莫與時師話。忽然知得便通仙。代代鼓騈闐。

傳二十四龍本是八卦。而八卦又分為三卦。此元空之秘必須口傳。

南雅氏曰。二十四龍本是八卦。此云三卦者。原元空大卦。以一二三為上元。四五六為中元。七八九為下元。此承上文而言者也。知三卦之作用。則隨所指點。造化在手。故曰通仙。

天卦江東掌上尋。知了值千金。地畫八卦誰能會。山與水相對。

傳天地東西南北、皆對待之名。所謂陰陽交媾。元空大卦之妙用也。此節方將山與水相對一言。略指一斑。洩漏春光矣。非分天卦於江東。分山水相對於地卦也。若以辭害志。分別支離。即同癡人說夢矣。

南雅氏曰。此節山水相對。是直指出陰陽交媾之妙。如坎山喜離水。坤山喜艮水之類是也。然此特指其大概耳山水相對。上下四旁無有不可、奚止此哉。

父母陰陽仔細尋。前後相兼定。前後相兼兩路看。分定兩邊安。

傳卦有卦之父母。爻有爻之父母。皆陰陽交媾之妙理。

此節前後指卦爻而言。一卦之中為父母。卦前卦後偏旁兩路。即為子息。若不仔細審察。恐於父母之胎元不真而陰陽有差錯矣。

南雅曰一卦三山。中為父母。兩旁為子息。或是父母。或是子息。必要仔細看定。若不仔細看定。在左右子息猶可。倘一出卦。即陽差陰錯。吉中有凶。非全美之地矣。

卦內八卦不出位代代人尊貴向水流歸一路行到處有聲名龍行出卦無官貴不用勞心力祇把天醫福德裝未解見榮光

傳八卦之內有三卦在三卦之內則爲不出卦而吉三卦之外卽爲出卦而凶向須卦內之向水須卦內之水二者皆歸本卦則全美矣天醫卽巨門福德卽武曲此乃一行所造小遊年卦例以混挨星之眞者也蓋謂世人誤認卦例爲九星五行必不能獲福也

南雅曰八卦分爲三元一元三卦龍向水在三卦之內則吉出三卦之外則凶然雖如此言而龍向水所挨之

卦其中仍有分別所謂陰陽交媾是也

倒排父母蔭龍位山向同流水十二陰陽一路排。總是卦中來。

傳倒排父母。即顛顛倒之義。陰陽交媾。皆倒排之法。山向與水神必倒排以定陰陽十二陰陽即備二十四山之理言雖有二十四位陰陽總不脫八卦為父母也

南雅氏曰上節言向水流歸一路者非山水同出一元蓋上元山必下元水下元山必上元水所謂倒排是也十二陰陽即二十四位陰陽言雖有二十四位陰陽而其論交媾必以八卦為主不在干支上定也

關天關地定雌雄富貴此中逢翻天倒地對不同秘密在元空。

傳雌雄交媾之所乃天地之關竅知其關竅而後交媾可定也江南龍來江北望江西龍去望江東此爲翻天倒地已詳奧語註中

南雅氏曰關天關地定雌雄乃八卦一陰一陽一夫一婦雌雄交媾也雌雄交媾原是一順一逆故又謂之翻天倒地

三陽水向盡源流富貴永無休三陽六秀二神當立見入廟堂。

傳三陽者丙午丁也天玉青囊既重挨星生旺矣而此節提出三陽别有深意非筆舌所能道六秀者本卦之二爻故曰二神天玉以卦之父母爲三吉以卦之子息爲六秀

南雅曰三陽即寶照經內陽中陽外陽也中陽外陽是向水內陽是坐穴穴坐此一卦水流亦盡合此一卦此爲向水流歸一路而富貴自然久長矣既曰三陽必有三卦而三卦之中爲父母兩旁爲子息六秀三陽子息也三陽子息最是易犯差錯之物如向水盡在三陽父母卦固無論矣若在三陽子息卦必要三陽子息左右

二神自能承當則爲不出卦而吉不能承當即爲出卦而凶楊公此論最爲精詳最爲幽深覺蔣子丙午丁等句乃掩人耳目之詞

水到玉街官便至神童狀元出印綬若然居水口玉街近台輔鼙鼙鼓角隨流水豔豔紅旆貫

傳鼓角紅旆皆以形象言

上按三才並六建排定陰陽算下按玉輦捍門流龍去要回頭

傳三才即三吉六建即六秀此節上二句論方位故須排定陰陽下二句論形勢玉輦捍門皆指去水須纏身

兒抱孫謂之曰回頭也

南雅曰三才六建總是一家但四正四隅卦氣各別故須排定陰陽

六建分明號六龍名姓達天聰正山正向流支上寡夭遭刑杖

傳下二句緊接上二句而言水之取六建是矣然卦之山向在四隅卦中則用本卦支神之六建在四正卦中又當用本卦干神之六建若卦取正山正向而水又流他卦之支上是陰差陽錯而必有寡夭刑杖之憂矣舉四正卦而四隅卦不辨自明矣此節以下耑辨干支零

正陰陽純雜毫釐千里之微。

南雅曰此專爲干支純雜辨夫六建者六龍也而六龍有在四隅支上者有在四正干上者。倘山向在四正干上而四正之干與四隅之支。鄰水不流四正之干而流四隅之支則干支混雜錯亂不清即是陰陽差錯而有寡夭刑杖之虞智者不取矣。共路兩神爲夫婦認取眞神路仙人秘密定陰陽便是正龍corner。

傳共路兩神即一干一支也一干一支皆可爲夫婦然有眞夫婦有假夫婦。眞夫婦爲正龍假夫婦即非正龍矣如巽巳爲眞夫婦丙午亦眞夫婦。若巳丙則不得爲眞夫婦矣。其他倣此。

南雅曰。共路兩神乃同卦一干一支如丙午午丙丁午午丁未坤坤未申坤坤申皆可爲夫婦若丁未未丁。則不得爲夫婦此夫婦乃辨陰陽純雜之夫婦非交媾之夫婦也。學者愼之。

陰陽二字看零正。坐向須知病。若遇正神正位裝。發水入零堂。零堂正向須知好。認取來山腦水上排龍點位裝積粟萬餘倉。

傳靑囊天玉以卦內生旺之位爲正神以出卦衰敗之

位爲零神故陰陽交媾全在零正二字零正不明生旺必有病矣若知其故而以正神裝在向上爲生入而以零神裝在水上爲尅入則零堂正向豈不兼收其妙乎向水旣妙而來山之腦未必與坐向相合又當認取來山果又與坐向同在卦內則來脈又合非但一向之旺氣而已惟水亦然蓋山有來山之腦水亦有來水之源水龍卽是山龍亦須節節排去點位裝成果能步步零神則水之來脈與水之入口同一氣山之坐向與山之來脈同一氣斯零正二途別無間雜而爲大地無疑矣

南雅曰正神者生旺氣也零神者衰敗氣也如一白當

元一白斷正神。對以九紫即是零神。知其故者。以坎山定穴。以離水爲堂。坎山生入固旺矣。而離水剋入亦旺。則零堂正向。一生一剋。悉成兩美。然猶未也。山有來山之腦。水亦有來水之源。且水不一源。又必節節格之。屬正者節節正神。步步格之。路路格之。屬零神者。步步零神。路路零神。則向水純一不雜。此爲全吉之地。而無疑矣。

正神百步始成龍。水短便遭凶。零神不問長和短。吉凶不同斷。

傳此承上文而言。正神正位裝向固吉矣。然其向中來氣須深遠悠長而后成龍。若然短淺則氣不聚。難以致福至於水則不然。一遇正神雖一節二節其煞立應矣。其零神之長短又與正神有異。使零神而在水雖短亦吉若零神而在向雖短亦凶。是零神之吉凶在水向之分而不係於長短也。

南雅曰此節申言上文未盡之旨。夫所謂零堂正向者其中豈別無所分哉。蓋正神在山貴長不貴短在水卽一勺不受零神在水長短皆吉在山長短皆凶。是零神之長短吉凶不與正神同斷也。

父母排來到子息須去認生尅水上排龍點位分兄弟更子孫。

傳此亦承上排龍而言卦之中氣爲父母兩旁爲子息而本宮他卦之父母爲兄弟上二句言山上排龍下二句言水上排龍山上排龍從父母排到子息總是一卦則卦氣純矣然須認其卦之生尅若得卦之生氣則純乎吉若得卦之尅氣則純乎凶矣豈可以卦之純一而遂謂吉哉山上排龍來脉一路大都只在一卦之內至於水上排龍則不然夫水有一路來者有兩三路來者故須照位分開而不能拘一卦之父母只要旁來之水亦在父母一氣之卦謂之兄弟兄弟卦內又有子孫雖非一父母而總是一家骨肉來路雖多不害其爲吉也

凶者反是

南雅曰一卦三山中爲父母。左右爲子息同氣之父母爲兄弟兄弟之交神爲子孫。即以一白而論坎爲父母。壬癸爲子息坤震爲兄弟。未申甲乙爲子孫皆是一家骨肉。合則吉。不合則凶。餘倣此。

二十四山分兩路。認取五行主。龍中交戰水中裝。便是正龍傷。前面若無凶交破。莫斷爲凶禍。凶星看在何宮位。仔細認蹤由。

傳此節指舉卦之差錯而言兩路者陰陽生死也。二十四山每山皆有陰陽兩路非分開二十四山歸兩路也兩路之中須認取五行之所主五行所主貴在清純若龍中所受之氣旣不清純而吉凶交戰矣倘能以水之清純者救之庶龍氣遇水制伏而交戰之凶威可殺柰何又將龍中交戰之卦裝入水中則生氣之雜出者不能爲福而死氣之雜出者適足爲禍正龍有不受其傷者乎然水之差錯其力足以相勝吉多者吉勝凶凶多者凶勝吉入口雖然交戰而來水源頭若無凶星交破則氣猶兩平雖不致福亦未可遽斷爲凶禍且凶星之應亦有公位之分吉凶雙到之局只看其某房受着便於此房斷其有禍不受着者亦不應也非如純凶不雜

之水。房房受其殃之比故其蹤尤當仔細認云
先定來山後定向聯珠不相放須知細覓五行蹤。富貴結
全龍、
傳此節單就山上龍神而言青囊天玉原以來山所受
之氣。與向上所受之氣。分爲兩局然兩局又非截然兩
路。故云聯珠不相放此不可約略求之者也。須當細覓
蹤跡若是富貴悠久之地。必然來山是此卦。向首亦是
此卦。一氣清純。方得謂之全龍耳。
五行若然翻值向百年子孫旺陰陽配合亦同論富貴此
中逢。

傳此節亦上二句言山上龍神。下二句言水裏龍神。五行翻值向者。五行之旺氣值向也。翻卽翻天倒地之翻。言生旺氣翻從向上生入也。山管人丁。故云百年子孫旺而富貴亦在其中矣。陰陽配合。水來配合也。亦與向上之氣同論。但用法有殊耳。水管財祿。故云富貴此中逢。而子孫亦在其中矣。

南雅曰。此卽乘旺棄衰之義。五行值向。是正神裝在向上。陰陽配合。是零神裝在水上。上二句以無水之山論。蓋有水之山。生旺順用。而無水之山生旺又宜翻用也。

東西父母三般卦。算值千金價。二十四路出高官。緋紫入長安父母不是未爲好。無官只富豪。

傳此節發明用卦之理。重卦體而輕爻。重父母而輕子息。蓋同一生旺而力量懸殊也。言東西而南北在其中矣。靑囊天玉之秘。只有三般卦訣。若二十四山不出三般卦之內。則貴顯何疑。然卦內又當問其是卦之父母否。高官緋紫。皆是父母之氣。源大流長。所以貴耳。若非父母而但乘爻神子息之旺。則得氣淺薄。僅可富豪而已。

南離曰。三般卦。卽上中下三元。高官緋紫。皆三卦父母所出。蓋父母居中。得左右子息護衛。氣勢宏大。且偏左

也是自家偏右也也是自家非若子息爻神單行獨步得氣淺薄僅可一富已也然此論大勢如是至富貴大小仍要看龍格非專在此定也

父母排來看左右向首分休咎雙山雙向水零神富貴永無貧若遇正神須敗絕五行當分別隔向一神仲子當千萬細推詳

傳亦承上文用卦須父母而言父母排來要排來山之龍脉也來山屈曲必不能盡屬父母兼看左右兩爻子息若何若子息清純不雜又須向上所受之氣逢生旺則休逢衰敗則咎若雙山雙向卦氣錯雜須得水之外

氣悉屬零神尅入相助則雙山雙向為水神所制伏而富貴可期矣萬一水路又屬正神則生出尅出兩路皆空而敗絕不能免矣公位之說乃因洛書入卦震兌坎離而定孟仲季三子之位隔向一神猶在離卦之內故云仲子天玉略露一斑以為分房取驗之矩矱言仲而孟季可類推矣

南雅曰雙山雙向兩卦相鄰也兩卦相鄰必有一零一正吉凶參半若得水悉屬零神則發福有自倘得水又屬正神則敗絕無疑由此觀之水運可以更山運是水之力不遠勝於山之力哉

若行公位看順逆。接得方奇特。宮位若來見逆龍。男女失其蹤。

傳承上文仲子一神而概言公位之說。順則生旺。逆則死絕。然不云生死而曰順逆者。若論山上龍神。則以生氣為順。死氣為逆。若論水裏龍神。則又以死氣為順。生氣為逆故也。

南雅曰。山龍以正神為生氣。零神為死氣。水龍以零神為生氣。正神為死氣。二者各有順逆不同。得其順富貴人財。得其逆寡夭刑杖。至公位之說。又必以人之善惡為主。為善必有餘慶。不善必有餘殃。風水又烏能盡匽之哉。

更看父母下三吉。三般卦第一

傳遍篇皆發明。父母三般卦理反覆詳盡矣。終篇復申言之。若曰千言萬語。只有此一事而已。無復他說矣。蓋

致其叮嚀反覆之意云

南雅曰。天玉以一二三爲上元三吉。以四五六爲中元

三吉。以七八九爲下元三吉。

內傳上終

天玉經

内傳中

二十四山起八宮。貪巨武輔雄。四邊盡是逃亡穴。下後合人絕。

傳此節反言以見旨興起下文之意言一行所作小遊年卦例以二十四山起八宮而取貪巨武輔爲四吉若其說果是則宜乎隨手下地皆吉地矣何以四邊盡是逃亡穴下後反合人敗絕哉則知卦例不足信而別有眞機如下文所云也

惟有挨星爲最貴泄漏天機秘天機若然安在內家活常

富貴天機若然安在外家活漸退敗五星配出九星名天下任縱橫

傳緊接上文卦例既不可用惟有挨星元空大五行乃爲陰陽之最貴者天機秘密不可流傳於世但可偶一洩漏而已安在內不出三般卦之內也安在外出三般之外也出卦不出卦禍福迥分安得不貴也夫挨星五行非如遊年卦例但取四吉而已盖八卦五行配出九星上應斗杓知九星之作用便可橫行於天下無不響應矣卦例云乎哉

南雅氏曰挨星五行即撼龍經中貪巨祿文廉武破輔

卿之九星五行楊公用以辨龍身星體者也乃以論形勢之星復推入理氣之內其故何哉蓋古今氣運原本洛書以爲循環而洛書但有其數而無其字此楊公用以代洛書之數者也安在內以九星安在三般卦內即得元得時之一卦安在外以九星安在三般卦外即失元失時之一卦安內安外禍福若天淵此所以貴也然豈眞貴挨星乎貴得時耳

干維乾艮巽坤壬陽順星辰輪支神坎震離兌癸陰卦逆行取分定陰陽歸兩路順逆推排去知生知死亦知貧留取教兒孫

傳此節分出元空大卦干支定位以足前篇父母子息之義。四維之卦以天干爲主者也。干維曰陽。四正之卦以地支爲主者也。地支曰陰。此陰陽非交媾之陰陽也。知卦之所主則父母子息不問自明矣。其陰陽兩路。每一卦中皆有陰陽兩路可分。非將八卦分爲陰陽兩路。何者屬陰。何者屬陽也。其順逆推排。即陰陽兩路分定之法。非乾艮巽坤爲陽順。坎震離兌爲陰逆。若如此分輪則皆順也。何云逆乎。至於四卦之末各綴一字曰壬曰癸。此又挨星秘中之秘。可以心傳而不以顯言者也。

南雅曰。此節陰陽非交媾陰陽。乃干支定位四方所屬之陰陽元空大卦。以乾亥壬爲陽水。子癸丑爲陰水。艮寅甲爲陽木。卯乙辰爲陰木。巽巳丙爲陽火。午丁未爲陰火。坤申庚爲陽金。酉辛戌爲陰金。其順逆推排者。欲從子息排到父母上。正所以淸八卦之氣。蓋八卦每卦皆有陰陽兩路。四正之卦。陽順陰逆。四維之卦。陰順陽逆。卽二語所綴之壬癸而言之。同在坎卦。同爲貪狼。壬屬陽。止可順推入子。若逆推則雜乾氣。而類武曲。癸屬陰。止可逆推入子。若順推則雜艮氣。而類輔星。欲用貪狼而非純乎貪狼。蔣子謂爲挨星秘中之秘者此也。餘以類推天地父母三般卦。時師未曾話。元空大卦神仙說。本是此經訣不識宗支但亂傳。開口莫胡言。若還不信此經文。但覆古人墳。

傳曰天地曰東西曰父母曰元空曰挨星名異而實同若於字義屑屑分疏則支離矣此節蓋恐學者得傳之後以爲大易而輕忽之故極言贊美以鄭重其辭非別有他義也說到覆古人墳是徵信實者予得傳以來洞徹元空之理今故註此經文駁前人之謬直提了當略無假縮皆取信於覆古人墳蓋驗之已往參之將來縱信其一毫之無誤自許心契古人而可以告無罪於天

下萬世也

南雅曰宗者父母也支者子息也不識何為父母何為子息但胡言亂傳則卦氣不明生死皆混今之註辨正者每妄談卦理妄立挨星真胡亂極矣噫誰是楊蔣知心哉

分卻東西兩個卦會者傳天下學取仙人經一宗切莫亂談空五行山下問來由入首便知踪

傳此亦叮嚀告誡之語而歸重於入首蓋入首一節初年立應尤不可不慎也

南雅曰上節言三般卦此又止言兩個卦者何也蓋三

般卦。即上中下三元兩個卦。即平分兩塊也。名雖不同
其義則一。知兩卦之作用。尤必重在到頭一節。到頭合
天心則吉。不合則凶。此所以必要問清來由也。
分定子孫十二位。災禍相連値干災萬禍少人知兊者論
宗支。
傳此節直糾時師誤認子孫之害。蓋子孫自卦中分出
位位不同。豈如俗師干從支支從干二十四路祗作十
二位論。若如此論法。必致葬者災禍相連値矣。既遭災
禍而俗師終不知所以災禍之故。胡猜亂擬。或云干凶
或云支凶。總非眞消息也。夫災禍之發乃龍氣受兊所

致而龍氣之受尅實不在干支之宗者焉蓋有爲干支之宗者焉所謂父母是也知其宗之受尅則知干支亦隨之而受尅所以不免災禍矣深言十二位分子孫之說之謬如此。

南雅曰天玉青囊二十四山祇作八卦論故深闢十二位論者之非而今之註是書者更有甚焉或作二十四論或作四十八論或作六十四論吾不知於是書中果何所據焉。

五行位中出一位仔細秘中記假若來龍骨不眞從此誤千人。

傳此節又詳言出卦不出卦之密旨蓋同一出位而有卦內卦外之不同若在卦內則似出非出若在卦外則眞出矣此中有秘須密密記之在卦內則龍骨眞在卦外則龍骨不眞矣

南雅曰五行位中出一位有一出餉出有雖出未出出在三吉卦內則雖出未出此爲龍骨眞出在三吉卦外則一出餉出此爲龍骨不眞眞則可用不眞不可用也

一個排來千百個莫把星辰錯龍要合向向合水水合三吉位合祿合馬合官星本卦生旺尋合凶合吉合祥瑞何法能趨避但看太歲是何神立地見分明成敗斷定何宮

位三合年中是。

傳一個排來變化不一故有千百個也。能向水相合前篇已盡祿馬官星在本卦生旺則應。不然不應。此見生旺爲重而官星祿馬在所輕矣。

南雅曰看太歲是何神者要看太歲是何甲子也。運逢上元使太歲在甲子甲戌二十年內則知爲一白當權。卽以一白入用并憑一白斷諸禍福。如太歲在甲申甲午二十年內則知爲二黑當權。卽以二黑入用并憑二黑斷諸禍福。祿馬官貴亦以此法斷之方爲有準。不然雖合無益也。

排星仔細看五行。看自何卦生來山。入卦不知蹤。入卦九星空順逆排來各不同。天卦在其中

傳五行總在何卦中生。不在干支上定。所謂父母子息也。不知入卦蹤跡從何而來。則九星無處排矣。蓋星卦之順逆各有不同。卽此一卦入用。或當順推。或當逆推。有一定之氣。而無一定之所。所謂天下諸書對不同也。要而言之。則元空二字盡之矣

南雅曰。此節言入卦九星總是一串來的。合天心則是卦。皆爲有用。不合天心。則星卦諸是空設。且又有順逆不同。星卦在山順者。在水卽逆。星卦在水順者。在山卽

逆此是活物總要捉得他住便是
甲庚丙壬諸屬陽。順推五行詳。乙辛丁癸諸屬陰。逆推論
五行陰陽順逆不同途。須向此中求。九星雙起雌雄異。元
關眞妙處。
傳此略舉干神卦氣之例。陽四干則順推入卦。陰四干
則逆推入卦。一順一逆。雖不同途。而此中有一定之卦
氣可深求而得者。至其每卦之中。皆有一雌一雄雙雙
起之法。乃陰陽交媾元關妙處也。又不止一卦有一卦
之用而已。舉八干而支神之法亦在其中矣。
南雅曰甲庚丙壬陽四干宜順推到父母上以定五行。

乙辛丁癸陰四干宜逆推到父母上以定五行四正如此四隅不然辰戌丑未四陰支也偏宜順推寅申巳亥四陽支也又宜逆推然此特干支之陰陽非交媾之陰陽也若交媾之陰陽則一山一水一雌一雄雙雙起之一山兩用此爲元關妙處也

東西二卦眞奇異須知本向水本向本水四神奇代代着緋衣

傳此節又重言向水各一卦氣兼收生旺之妙向上有兩神水上有兩神故曰四神

南雅曰一二三四爲東四卦六七八九爲西四卦故曰

東西二一卦東四卦收山則西四卦收水西四卦收山則東四卦收水一山兩朋向有東西兩神水亦有東西兩神合之即爲四神或曰四吉之山爲本向四神四吉之水爲本水四神亦通

水流出卦有何全一代作官員一折一代爲官祿二折二代福三折父母共長流馬上錦衣遊馬上塹頭水出卦一代爲官罷直山直水去無翻場務小官班

傳水不出卦須折折在父母本宮若折出本宮雖折而後代不發矣馬上塹頭即一折父母便流出卦如塹頭而去也本卦水又以曲折爲貴乃許世代高官若止直

流雖然本卦而官職卑矣。

內傳中終

天玉經

內傳下

乾山乾向水朝乾。乾峰出狀元。卯山卯向卯源水。驟富石崇比。午山午向午來堂。大將鎮邊疆。坤山坤向水坤流。富貴永無休。

傳此明元空大卦向水兼收之法。舉四山以例其餘。皆卦內之清純者也。乾宮卦內之水。乾宮卦內之山。作乾宮卦內之向。則龍向水三者俱歸生旺矣。非向龍顧祖之說也。或云狀元。或云大將。或云驟富。亦錯舉以見意。不可拘執南雅曰乾山乾向乾水乾峰。此中有隱語。如六白乘權即以六白收山此爲乾宮卦內之山對以四綠即以四綠收水此爲乾宮卦內對待之水左有一白名一六共宗收一白水又爲乾宮卦內生成之水後天之乾先天之艮也艮爲少男二黑之先天巽三碧之先天離巽爲長女離爲中女與艮男可配成夫婦收此二宮水又爲乾宮卦內交媾之水且艮與巽交通中爻艮變爲巽巽變爲艮艮與離交通初爻離變爲艮艮變爲離一四兩宮之先天交通媾合同七赤八白九紫三方有峰與六白爲同姓兄弟爲同時旺神收此三方之峰又爲乾宮卦內之峰餘倣此。

辨得陰陽兩路行、五星要分明。泥鰍浪裏跳龍門。渤海便翻身、

傳陰陽兩路、上文屢見此重言以申明之耳。下一句言變化之易。

依得四神爲第一官職無休息穴上八卦要知情。穴內要裝清、

傳前篇本向本水四神奇是站置來龍而重向水。此節穴上八卦要知情。又從穴上逆推到來龍以補四神之不及。穴上是龍。穴內卽向也。

南雅曰。前篇四神是言向水兼收生旺。此又補人收龍之法。則龍向水三者皆吉。此地必愈見光輝。愈形悠久。然此等地頗屬難覓。吾見有僅一穴生旺而獲福者。有僅一水生旺而獲福者。有得對宮生旺氣而獲福者。種種變局。果能認得真時。亦不可棄。

要求富貴三般卦。出卦家貧乏。寅申巳亥水來長。五行向中藏。辰戌丑未叩金龍。動得水不窮。若還借庫富還貧。自庫樂長春。

傳前篇甲庚丙壬一節。是四正之卦。此節又補出四隅之卦。觀此則支水去來凶之言。當活看不可死看矣。辰戌丑未。雖俗云四庫。其實元空不重墓庫之說。借庫出卦也。自庫不出卦也。是重在出卦不出卦。不重在墓庫也。

南雅曰東四卦爲西四卦之庫。西四卦爲東四卦之庫。依此則爲不出卦而吉。反此卽爲出卦而凶。

大都星起何方是五行長生旺。大都相對起高岡職位在學堂捍門官國華表起山水一同例。水秀山奇出大官。四位一般看。

傳此言水上星辰。卽山上星辰。只要得生旺之氣。在山在水一同論也。

坎離水火中天過。龍墀移帝座。寶蓋鳳閣四維朝。寶殿登龍樓。罡刼弔殺休犯着。四墓多銷鑠。金枝玉葉四孟裝。金箱玉印藏。

傳坎離水火一句。乃一章之所重。其餘星宿。總是得生旺則加之美名。逢死絕則稱爲惡曜。名非有定。星隨氣變者也。

南雅曰坎離水火中天過龍墀移帝座。此乃山龍收山翻用生旺之法。如一白之元生旺在坎。倘得順騎之穴宮星在離而離宮有煞氣吹來。則坎宮之生氣散矣。必要坎離互換。而作倒騎之穴。則始得坎宮生旺之氣。總之無水之山要在生方水外遠山不妨死方此天玉之秘也。

帝釋一神定縣府紫微同入武倒排父母養龍神富貴萬餘春。

傳帝釋丙也八武壬也紫微亥也帝釋神之最尊故以縣府名之其實陰陽二宅得此貴之極矣然其妙用在乎倒排非順用也

識得父母三般卦便是眞神路北斗七星去打劫離宮要相合。

傳上二句引起下文之義言識得三卦父母已是眞神

路矣猶須曉得北斗七星打刦之法則三般卦之精髓方得而最上一乘之作用也北斗云何知離宮相合即知北斗之義矣

南雅曰識得上中下三元卦便知乘旺棄衰便是真神路便是真北斗然北斗七星尚有打刦之法尤必知之而後始盡乘旺棄衰之秘打刦云何如一白司令一白之先天坤也後天之坤隸在二黑而二黑之山即發一白之後天坎也先天之坎屬在七赤而七赤之山同旺此打刦之法離宮相合也又按刦在同元者不必另察而刦在出元者必細察水力輕重水輕可刦水重不

可刼也。水重而在零神者可 刼水重而在正神者不可
刼也

子午卯酉四龍岡。作祖人才旺水長百里佐君王。水短便
遭傷、

傳取子午卯酉。以其父母氣旺也。言四正則四維可以
例推矣。水短遭傷。以其出卦之故

南雅曰水長是折折在本宮。故佐君王。水短是一折卽
出卦。故遭傷

識得陰陽兩路行富貴達京城不識陰陽兩路行。萬丈火
坑深。

傳此即顛顛倒之意。皆上文所已言而咏嘆之

南雅曰陰陽兩路。即山水一順一逆之兩路。識則山川珠寶不識則山山火坑

前兼龍神前兼向。聯珠莫相放。後兼龍神後兼向。排定陰陽算。明得零神與正神。指日入青雲。不識零神與正神。代代絕除根

傳龍神向首皆有兼前兼後之法。兼者父母兼子息。子息兼父母。此即正神零神之義

南雅曰首二句聯珠莫相放。是不可兼出卦。中二句排定陰陽算。欲其辨衰旺。後四句以正神爲吉。零神爲凶

倒排父母是眞龍。子息達天聰。順排父母倒子息。代代人財退。

傳父母子息皆須倒排。而不用順排。如旺氣在坎癸。倒排則不用坎癸。而得眞旺氣。順排則眞用坎癸而反得煞氣矣。似是而非。毫釐千里。元空大卦。千言萬語惟在於此。

南雅曰。此節父母子息必須倒排。只要分清山水。一龍山龍倒排。卽坎離水火中天過之意。水龍倒排。卽江南龍來江北望之意。如一白司令。今人咸謂一白生旺。尋曰非也。若果一白生旺。而何以有向山向水之殊哉。

一龍宮中水便行子息受艱辛。四三二一龍逆去四子均榮貴龍行位遠主離鄉。四位發經商。

傳此節又申言本卦水須折折相顧。若一折之後便出本卦、雖然得發必受艱辛矣。必三四節逆去皆在本卦。乃諸子齊發也位遠卽出卦。一出卦卽主離鄉若出卦之後又還歸本卦。反主爲商得財而歸其應驗之不爽如此、

時師不識挨星學。只作天心摸。東邊財穀引歸西。北到南方推。老龍終日臥山中。何嘗不易逢只是自家眼不的亂把山岡覓。

傳東邊財穀二句託喻。卽江南龍來江北望之意。元空妙訣也。嘆息世人不知眞傳。胡行亂走。旨哉言乎。

世人不知天機秘洩。破有何益。汝今傳得地中仙。元空妙難言。翻天倒地更元元。大卦不易傳。更有收山出煞訣。亦兼爲汝說。相逢大地能幾人。個個是知心。若還求地不種德。穩口深藏舌。

傳篇終敍述授受之意。深戒會公安之善寶之也。結語歸重於種德。今之得傳者不愼擇人。輕洩浪示。甚雖得吉地不能寔受其福矣。而洩天寶者重違先師之戒。其不干造物之怒而自取禍咎者幾希矣。

南雅曰結尾以種德爲主。爲善者天必與以吉地。爲惡者天必與以凶地。此吾之不畏天遣。盡洩天機者。全憑此耳。孰謂知元空者盡人而可以獲地乎哉。

男受介祺校刊

內傳下終

地理辨正發微卷五

杜陵蔣大鴻平階傳　　衡山完初唐南雅發微

都天寶照經

唐楊益筠松著

上篇

傳與妙應不多言。實實作家傳。人生禍福由天定。賢達能安命。貧賤安墳富貴興。全憑龍穴真。龍在山間不出山。掛在大山間。若是砂曲星辰正收得陽神定斷然一舉便興隆。父發子傳榮。

傳此節專論深山出脈。老龍幹氣生出嫩枝之穴。

南雅曰。龍在山間不出山。掛在大山間。此老龍抽出嫩枝結穴。卽彝書所言勢如萬馬自天而下之象。然又恐人誤認大山枝脚以爲眞穴。葢大山枝脚。左右必無兩砂抱來。到頭必是星體不正。若是眞穴。其星體必端正。其兩砂必曲抱。譬之大貴人。挺然中立。而左右侍衛層層擁護。惟命是聽。此等形穴。最是易發。以其龍稚而氣聚也。

好龍脫刼出平洋。百十里來長。離祖離宗星辰出。此是眞龍。骨前途節節出兒孫。文武脉中分。直見大溪方住手。諸山皆不走。個個回頭向穴前。城郭要周完。水口亂石堆水中。此地出豪雄。若得遠來龍脫刼。發福無休歇。穴前陽神三摺朝此地。出官僚不問。三男並五子。富貴房房起。津湖溪澗同此看。衣祿榮華斷。大水大河齊到處。千里來龍住。水口羅星鎖住門。似大將屯軍。到頭定有一星辰。非火土即金。正脈落平三五里。見水方能止。二水相交不用砂。止要石加麻。更看硤石高山鎖。密密來包裹。此是軍州大地形。細說與君聽。

傳此一節。專言大幹傳變行龍盡結之穴。謂之脫刼龍。又名出洋龍。雖云城郭要周完。總之城郭都在龍身上見。不必於穴上見。蓋龍到脫刼出洋。雖衆山擁衞而行。前數節羣枝翼張。羽儀簇簇。至於幾經脫卸之後。近身數節。將結穴時。龍之踪跡愈變。而龍之機勢愈疾。此非左右二砂所能幾及。往往龍只單行。譬之大將。匹馬單刀所向無前。一時偏裨小校都追從不及。所以有不用砂之說也。高山不甚重水。獨此等龍穴以水爲證者何與。山剛水柔。水隨山之行以爲行。山不隨水之止以爲止。而云直見大溪方住者。非謂山脉遇水而止也。正因山脉行時。水不得不與之俱行。則山脉息時。水不得不與之俱息故幹龍大盡之地。自然兩水交環。有似乎千里來龍遇水而止也。既云不用砂。而又云窩窩包裹者何也。夫結穴之處。雖不取必於兩砂。窩抱要之真龍憇息之際定不孤行外纏夾輔隱隱相從水口星辰有時出見大爲硤石小爲羅星近在數里遠之二三十里皆不可拘前所謂砂指本身龍虎而言後所謂鎖指外護捍門而言也只要石如麻則不止謂水口而已正言本身結穴之地蓋幹龍剥換數十節其渡水崩洪穿田過峽不止一處若非石骨龍行何以見真龍結體今人見平地墩阜誤認來龍指爲大地正坐此弊也凡去山數里即有高阜或由人工或出天造既無真脉相連又不見石骨稜起總不謂之龍穴所以落平之龍壟起星辰必要石如麻也有石脉乃爲真龍有石穴乃爲真穴山

龍五星皆結穴其云落頭一星獨取火土金者大約近祖支龍宛蜒而下都結水木出洋幹結踴躍而起都作火土金雖不可盡拘而大體有如是者前章一矣便與父發子榮是言山中支結龍穉而局窄往往易發此章言發福無休歇五子房房起是言出洋大盡龍老而局寬往往遲發而久長意在言表也

南雅曰此節言大幹龍出洋盡結之穴龍老局寬發福稍遲龍長力重發福久大然大小久暫仍要看龍格看元運所謂貴通活法也

姜氏曰前章言山谷初落之穴此言出洋盡結之穴山

龍之法雖不盡於此而大畧已備於此矣。

天下軍州總住空何曾撐着後頭龍只向水神朝處取莫說後無主立穴動靜中間求須看龍到頭

傳此節以下皆發明平洋龍格與山龍無涉矣楊公唐末人唐之言軍州猶今之言郡縣也葢以軍州爲證見城邑鄉村人家墓宅凡落平洋並不論後龍來脉但取水神朝繞便爲眞龍憩息之鄉夫地靜物也水動物也水之所止卽是地脉所鍾一動一靜之間陰陽交媾雌牝牡化育萬物之源所謂元竅相通卽丹家元關一竅也此便是龍之到頭非舍陰陽交會之所而别尋龍

之到頭也識得此竅則知平洋真龍訣法而楊公實照之秘旨盡矣

南雞曰此節發明平洋龍格貴空不貴實而舉軍州以爲證佐蓋山龍貴砂抱一有空缺即風吹氣散不成地矣平洋貴水繞若無低界則頑土死塊不結穴矣然山龍貴實而護纏之內兩水界合豈非空乎平龍貴空而界水之外一片陰砂豈非實乎但山洋兩龍作用不同而認龍穴砂水則一也

平洋妙訣無多說因見妙應心性拙全憑掌上起星辰類聚裝成爲妙訣大山喚作破軍星五星所聚脉難分但看

出身一路脈到頭要分水土金又從分水脈脊處便把羅
經照出路節節同行過峽真前去必定有好處子字出脈
子字尋莫教差錯丑與壬若是陽差與陰錯勸君不必費
心尋。

傳自此章以下皆楊公平洋秘訣字字血脈而又字字
隱謎。非真得口口相傳天機妙訣者未許執語言文字
方寸羅經而妄談二十四山八卦九星之理也苟得口
傳心受則雖愚夫穉子可悟楊公心訣不得口傳心受
縱智過千夫讀破萬卷何能道隻字耶此書乃楊公當
日裝成掌訣傳與黃居士妙應者大山與作破軍星言

水法與散迷茫之處。五星混雜。出脉未見分明概名之曰破軍而不入龍格只取龍神一路出身之脉其脉又分水土金三星合貪巨武為吉而餘星皆不取此三星者乃形局之星非卦爻方位之貪巨武也學者切莫誤認自分水脉脊以下乃屬方位理氣矣故云便把羅經照出路也蓋看得水神龍脉既合三吉星格其地自可取裁乃將指南辨其方位以定卦之合不合也合卦則用之不合卦仍未可用也節節同行卦無偏雜乃許其為過峽脉真而知前去定有好穴不然則行龍先見駁雜到頭何處剪裁子字以下乃直指看龍訣法而舉坎卦一卦爲例若出脈是子字須行龍只在子字一宮之內乃爲卦氣清純如偏於左而癸與丑雜是子癸一卦而丑字又犯一卦也如偏於右而壬與亥雜是壬子一卦而亥字又犯一卦也此爲卦中之陽差陰錯非全美之龍故云不必費心尋也

南雅曰子字出脈子字尋只要行龍長在子字一卦之內不可出乾艮兩卦是爲一卦純清如偏於右而壬與亥雜壬亥屬陽是曰陽差如偏於左而癸與丑雜癸丑屬陰是名陰錯有龍如此卦氣混雜非全吉之地可不必在此尋穴矣

子癸午丁天元宮卯乙酉辛一路同若有山水一同到半穴乾坤艮巽宮取得輔星成五吉山中有此是真龍

傳此承上文羅經照過峽詳言方位理氣即天玉元空大卦之作用也其法分子午卯酉爲天元宮寅申巳亥爲人元宮辰戌丑未爲地元宮隱然天元之妙理引而不發欲使學者得訣方悟其敢妄洩天秘犯造物之忌哉此取四仲之支爲天元宮者非此四支皆屬天元乃謂此四支之中有天元龍者存也而其本文又不正言子午卯酉乙辛丁癸必錯舉子癸午丁卯乙酉辛者此其立言之法已備出脉審峽定卦分星之密旨觀一路

同三字同中微異須加剖別已在言外下文乃全露其機云此八宮同到半穴乾坤艮巽宮矣一同到非謂此八宮一同到也亦非謂八宮之山與八宮之水一同到也謂此四支中任舉一支與此四干中一干比肩同到即雜乾坤艮巽之氣矣蓋子午卯酉本四正之龍而與八干同到即有一半四隅之龍不可不辨辨之不清則欲取天元而非純乎天元矣末二句轉星五吉指天元宮最清者言蓋天元龍雖包諸卦而九星止有三吉恐日久發洩太盡末祚衰微故須兼收輔弼宮龍神合氣入穴以成五吉然後一元而兼兩元龍力悠遠不替矣

故目之曰真龍。極其贊美之辭也。此節言山者皆指水
益平洋以水為山水中即有山矣。輔星即是九星中左
輔右弼。益有二例。一則九宮卦例以一白配貪狼二黑
配巨門三碧配祿存四綠配文曲五黃配廉貞六白配
武曲七赤配破軍八白配左輔。九紫配右弼此天玉元
空大卦之定理也。一則八宮卦例。將輔弼二星並一宮
分配八卦製為掌訣二十四山系於納甲之下互起貪
狼為立向消水之用。陽宅天醫福德亦同此訣。竊以之
彰往察來。皆無明驗。益即天玉所辨之二十四山起八
宮。唐一行所造。後人指為滅蠻經者也。二說真偽判然

不可悞認五吉即三吉。蓋形局九星以木土金三星爲貪巨武三吉。而輔弼爲入穴收氣之用。方位九星亦有三吉。雖以貪狼統龍。而每宮自有三吉。不專取巨武。此節天元宮兼輔爲五吉。中有隱語。非筆墨所敢盡。既云五吉。則分輔弼作兩星。以配九宮。其非入宮之訣明矣。若在人地兩元。別有兼法。見諸下文。此節以下所舉干支卦位。俱帶隱謎。若從實推詳。不啻說夢。非楊公言外之奧旨矣。

辰戌丑未地元龍。乾坤艮巽夫婦宗。甲庚壬丙爲正向。脉取貪狼護正龍。

傳此取四季之支爲地元龍者亦謂此四支中有地元龍者存也此四支原在乾坤艮巽卦內故曰夫婦宗此元氣局逼隘不能兼他元爲五吉止取貪狼一星眞脈入穴護衛正龍根本則卦氣未值其根不搖卦氣已過源長流遠斯爲作家妙用貪狼卽在甲庚壬丙之中故但於此取正向乘正脈與天人兩元廣收五吉者有殊不言輔星輔弼已在其中故也楊公著書泛論錯舉之中其金劍玉線一絲不漏蓋如此

寅申巳亥人元來乙辛丁癸水來催更取貪狼成五吉寅坤申艮御門開巳丙宜向天門上亥壬向得巽風吹

傳此四孟之支亦屬四隅卦此四支中有人元龍者存也。天元之後即應接人元楊公因三才三正之序顛倒錯列亦隱秘其天機使人不易測識耳此元龍格亦必兼貪狠而後先榮後凋若不兼貪狠慮其發遲而驟歇矣。用乙辛丁癸水催之者謂此四水中有貪狠也此宮廣大兼容故旁及坤艮亦所不碍故曰御門開若是巳丙壬亥相兼則犯陰陽差錯之龍也法宜去丙就巳去壬就亥以清乾巽之氣此則專爲人元辨卦而言處處欲要歸一路盎一路者當時直達之機兼取者先時補救之道不直達則取勝無選鋒不補救則善後無長策二者不可偏廢也。總觀三節文義。子午卯酉配乙辛丁癸。辰戌丑未配乾坤艮巽。爲夫婦同宗。而寅申巳亥獨不配甲庚壬丙。爲夫婦。則其本意不以甲庚壬丙屬寅申巳亥可知矣。此正合天玉大五行作用。而非十二支配十二干。爲一路之俗說也。故不曰寅申坤艮而曰寅坤申艮。非以寅爲坤。申爲艮也。巳屬巽而反曰天門。亥屬乾而反曰巽風。顛倒裝成。其託意微而且幻。類如此至其立言本旨。不過隱然說出陰陽交互之象。然篇中皆錯舉名目。不肯分明。至後主客東西方。露出端倪。而終不顯言。先賢之秘慎如此。使我有浪洩天機之懼矣南雅曰。以上三節。分天地人三元。卽上中下三元。非將一卦三分之也。觀蔣註謂此四支中有天元龍者存。有地元龍者存。有人元龍者存等句。便曉天元兼輔是上元兼下元。人元兼貪是下元兼上元。天人兩宮廣大兼容。以兩宮山水兩兩相對故也。地元狹窄。四六兩宮自相配對。然亦必旁通始妙。脉取貪狼是六白兼上元四綠。亦應兼輔。故蔣子有不言輔星輔弼已在其中之語。其兼法譬之。一白之山四面無水。止得乾源界割。卽止旺一白一元。二三四運雖屬同元。祇是平過。地小者亦見退敗。必得九紫水朝來。一四兩運均是大發。何也。九能催一。亦能成四也。或更得艮方水路。二三兩運亦是大發。何也。八能成三。又能催二也。六七二宮有水同此算法。此爲天元兼輔而成五吉之說。山一水四合之卽五也。餘以類推。至其干支錯舉。卽是辨卦審星要訣。父母子息不論干支。任其縱橫。惟八卦交界切不可混。巳丙亥壬兩句經語甚明。楊公之旨抑亦微之顯矣乎。

貪狼原是發來遲。坐向穴中人未知。立宅安墳過兩紀。方生貴子好男兒。

傳。貪狼諸卦之統領。得氣先而施力遠。何云發遲。此言人地兩元兼收之脉。不當正卦。傍他涵蓄。故力不專。是以遲也兩紀約畧之辭生貴子正見誕育英才以昌世業應合悠久之義非若他宮一卦乘時催官暫發之比若夫應之遲速是不一端烏可執此爲典要也

立宅安墳要合龍不須擬對好奇峰主人有禮客尊貴客在西兮主在東

傳山龍眞結必對尊星而後出脈或回龍顧祖或枝幹相朝先有主峰乃始結穴故必以朝山爲重非重朝山正重本身出脈眞僞也平洋旣無來落但以水城論結穴水自水山自山雖有奇峰並非一家骨肉向之無益故止從立穴處消詳堂局收五吉之氣謂之合龍而不

以朝山爲正案也。末二句乃一篇之大旨，精微元妙之談。所謂主客，又不止於論向，而指龍爲主人，向爲賓客也。主客猶云夫婦，實指陰陽之對待，山水之交媾，一剛一柔，一牝一牡，元竅相通，皆在於此。言有此主，卽有此客，有此客，便有此主。主客雖云二物，實一氣連貫，如影隨形，如谷答響，交結根源，一息不離，非謂旣有此主，乃更求賢賓以對之也。東西恭主一方言，亦可云主在西兮客在東，亦可云主在北兮客在南，主在南兮客在北，八卦四隅，無不皆然，所謂陰陽顛倒顚也。自天下軍州至此，統論平洋龍法，其中卦位干支秘訣，總不出此二

語故於結尾發之以包舉通篇之義學者所當潛思而曲體之者也

南雅曰主客乃山水配合一陰一陽一夫一婦也主在東四卦客即在西四卦主在西四卦客即在東四卦原是活活動的所謂元關一竅五行顛倒顛也

姜氏曰一自寶照發明平洋龍格開章直喝天下軍州總住空何須撑着後頭龍大聲疾呼長吟高唱此爲楊公撰著此書通篇眼目振綱挈領之處不可泛泛讀過

蔣平洋龍格舉世所以茫然者只因俗師聾瞽將山龍混入無從剖辨觸處成迷也平洋之作法既迷並山龍

之眞格亦謬失其一並害其二矣楊公苦心喝此二語
醒人千古大夢使知平洋二宅不論坐後來脉凡坐空
之處反有眞龍坐實之處反無眞龍與山龍之胎息孕
育截然相反欲學者從此一關打得透徹更不將剷換
過峽高低起伏馬跡蛛絲草蛇灰線等字纏擾胸中只
在陰陽大交會處悟出眞機而後八卦九星干支方位
以交而陳絲絲入叩平龍消息始無掛漏之虞平龍既
無卦漏而山龍又更無掛漏矣倘不明此義只將後龍
來脉膠葛糾纏則造化眞精何曾窺見雖授之以八卦
九星之奧亦無所施矣窮年皓首空自茫茫高山平洋

總歸魔境我於是益嘆楊公度人心切也後篇所以覆舉二語重言以申明之意深切矣

又云此篇前十二句爲一章言深山支龍之穴中三十四句爲一章言幹龍脫殺出洋之穴此二章皆屬山龍後四十六句分七節爲一章言平洋水龍之穴

上篇終

都天寶照經

中篇

天下軍州總住空何須撑着後來龍時人不識元機訣只道後頭少樸龍大凡軍州住空龍便與平洋墓宅同州縣人家住空龍千軍萬馬悉能容分明見者猶疑慮龍不空時非活龍教君看取州縣塲盡是空龍攏撥踪莫嫌遠來無後龍龍若空時氣不空兩水界龍連生窟穴得水兮不畏風但看古來鄉相地平洋一穴勝千峰

傳天下軍州二語前篇已經喚醒楊公之意猶恐後人見不真信不篤故反覆咏嘆層層洗發窮追到底罄其

所以然之故又恐概說單州大勢尙疑人家墓宅或有不然故指實而言單州如是墓宅無不如是只勸世人揀擇空龍切勿取實龍作撑也所以然者何也山龍只論脉來平洋只論氣結空則水活而氣來融結實則障蔽而生氣阻隔肉眼但見漭洴平田毫無遮掩疑爲坐下風吹氣散之地不知水神界抱陽氣冲和平洋之穴無水則四面皆風有水則八風頓息所謂龍乘風則散界水則止古人之言正爲平洋而發也

南雅曰龍空氣不空有氣之龍總是空的而空的未必皆是有氣看平洋龍穴原要得訣原要眼法非徒取其

空而已也。若無氣脈之空。空何益焉。

子午卯酉四山龍。坐對乾坤艮巽宮。莫依八卦陰陽取。陰陽差錯敗無窮。百二十家渺無訣。此訣元機大祖宗。來龍須要望龍穴。後若空時必有功。帝座帝車並帝位。帝宮帝殿後當空。萬代侯王皆禁斷。子今隱出在江東。陰陽若能得遇此。蚯蚓逢之便化龍。

傳此節明八卦之理。即前子午卯酉屬坎離震兌四卦。乾坤艮巽。又四卦之義也。所謂坐對非指山向。蓋四正卦與四隅卦兩兩相對。故云然也。八卦陰陽者指八卦五行以乾卦領震坎艮三男而屬陽。坤卦領巽離兌三女而屬陰此先天之體非後天之用以之論陰陽則差錯而敗不勝言矣談陰陽者百二十家皆此是彼非渺無真訣惟有元空大卦乃陰陽五行大宗祖聖聖相傳非人勿示也識得此訣雖帝王大地瞭若指掌特禁秘而不敢言耳楊公自言既得至道不敢炫燿於世故披褐懷玉抱道無言然天寶雖秘慎而救世之心未嘗少懈曾於天王經江東一卦諸篇隱出其旨世之好陰陽者有緣會遇信而行之頃刻有魚龍變化之徵也或云楊公得道之後韜光晦跡背其鄉井隱於江東俟考

南雅曰首二句言四正卦與四隅卦一天一地一生一

成一對一待配成真夫婦真雌雄真交媾卽元空大卦之訣爲陰陽五行大祖宗若世俗八卦浄陰浄陽與夫談陰陽者百二十家彼所謂訣皆非真訣旣非真訣訣何取焉

子午卯酉四山龍支兼干出最豪雄乙辛丁癸單行脉半吉之時又半凶坐向乾坤艮巽位兼輔而成五吉龍

傳此皆楊公隱謎舉四正爲例若行龍在子午卯酉四支長流不雜雖兼帶干位總不出本卦之內其脉清純故云最豪雄也若乙辛丁癸雖屬單行未免少偏卽犯他卦所以吉凶參半也言子午卯酉而乾坤艮巽不外

是矣言乙辛丁癸而甲庚壬丙不外是矣辨龍既清乃於諸卦位中隨便立向則又以方員爲規矩而未嘗執一者也

南雅曰此舉四正以例其餘言行龍在子午卯酉四父母卦內雖兼帶左右子息最爲豪雄不出卦也若行龍在乙辛丁癸四子息干上半吉之時又有半凶半吉本卦半凶出卦也若乙辛丁癸水交流又爲最豪雄若子午卯酉雜辰戌丑未寅申巳亥又屬半吉之時又半凶甚矣辨龍純雜之難也

辰戌丑未四山坡甲庚壬丙龕墳多若依此理無差謬清

貴聲名天下無爲官自有起身路兒孫白屋出登科八卦不是真妙訣時師休把口中歌敗絶只因用卦安何見依卦出高官陰山陽水皆大吉下後兒孫禍百端水若朝來須得水莫貪遠秀好峰巒審龍若依圖訣登官職榮華立可觀

傳此指四隅龍脈而言而舉辰戌丑未爲隱謎也謂此等行龍而取甲庚壬丙向者甚衆必須龍法純全向法合吉毫無差謬而後清貴之名卓於天下也起身路正指來龍之路八卦本是真訣而誤用則禍福顛倒故云非妙訣後章八卦只有一卦通乃始微露消息矣收水

之法向云陰用陽朝陽用陰應乃卦理至當不易之言而竟有陰山陽水陽山陰水反見災禍者則辨之不真陽非陽而陰非陰也得水二字世人開口混說然非果識天機秘旨收入元竅之中雖三陽六建齊會明堂虎抱龍迴涓滴不漏總未可謂之得若知得水真訣即陰陽八卦之理亦諸斯乎莫貪遠秀好峰即上篇已發之義致其叮嚀之意云耳

南雅氏曰上節言四正之干吉凶各半此言四隅之支行龍四正之干作穴者甚衆則其不單重父母而輕子息可知矣但此等龍穴原是易犯差錯的必要依元空

大卦之理察其清純辨其生旺而後清貴之聲名始可卓於天下又烏得以予息而遂棄之哉
元機妙訣有因由向指山峰細細求起造安墳依此訣能令發福出公侯真向支山尋祖脉干神下穴永無憂寅申巳亥騎龍走乙辛丁癸水交流若有此山並此水白屋科名發不休昔日孫鍾扦此穴從此聲名表萬秋
傳遍篇皆言平洋此節乃插入山峰者何也蓋九星入卦乃陰陽之大總持故凡有山之水可以不論山而有水之山不能不論水若遇山水相兼之地未可但從山龍而論還須細細尋求亦必合此元空大卦之訣而後

墓宅産公侯也祖脉必要支山巷從四正而論下穴立向則不拘干支矣此祖脉乃元空之祖脉非山龍之來脉也讀者切勿錯認寅申巳亥乙辛丁癸俱属易犯差錯之龍故曰騎龍走水交流文有殊義無别此山此水而科名不歇者不犯差錯故也孫鍾墓在富陽天子崗本山龍而收富春江長流之水故引爲證

南雒氏曰眞向支山尋祖脉干神下穴永無憂是父母卦兼通之訣寅申巳亥騎龍走乙辛丁癸水交流是子息卦獨用之訣寅申巳亥以不犯甲庚壬丙爲上故要騎龍走乙辛丁癸以不犯辰戌丑未爲高故要水交流

來龍須看坐正穴後若空時必有功州縣官衙爲格局必然清顯立威雄范蠡蕭何韓信祖乙辛丁癸足財豐亥壬豐隆與祖格巳丙貯相一般同寅申巳亥等五吉乙辛丁癸四位通紫綬書錦何榮顯三牲五鼎受王封龍回朝祖元字水科名榜眼及神童後空已見前篇訣穴要窩鉗脈到宮試看州衙及臺閣那個靠着後來龍砂揖水朝爲上格羅城擁衛穴居中依圖取向無差誤不是王侯即相公

傳後空之旨屢見篇中而此章又反覆不已者蓋後空不但無來脈而已並重坐下有水乃謂之活龍擺撥而成真空有氣也故首句云坐正穴實指穴後有水取爲

正坐也古賢舊跡往往如此遍地鉗所謂杜甫盧同李白祖此又引范蠡蕭何韓信總合此格下列諸干支言不論是何卦位只要合得五吉收歸坐後發福如許爾故下文即接回龍朝祖元字水分明指出前朝曲水抱向穴後乃回龍顧祖之格也神童黄甲必可券矣篇中又言後空之訣已見前篇然恐人誤認只取坐後無來脈便云有氣不知穴後必須水抱成窩鉗之形而後謂之到宮若但云空耳非坐水之空空何貴焉砂揖水朝羅城擁衛皆就水神而論穴正居中指坐穴也此節直說出王侯將相大地非泛論也

南雅氏曰。上節引出孫鍾墓。此又引出范蠡蕭何韓信祖塋。見子息之非輕。但要辨得卦氣清純耳。上文第三節乙辛丁癸單行脉。半吉之時。又半凶。是卦氣不清之故。此節乙辛丁癸足財豐。是卦氣純清之故。不然。豈不自相矛盾哉。

天機妙訣本不同。八卦只有一卦通。乾坤艮巽纏何位。乙辛丁癸落何宮。甲庚壬丙來何地。星辰流轉要相逢。莫把天罡稱妙訣。錯將八卦作先宗。乾坤艮巽出官貴。乙辛丁癸田庄位。甲庚壬丙最爲榮。下後兒孫出神童。未審何山消此水。合得天心造化工。

傳一部寶照經不下數千言皆半含半吐至此忽然漏洩盡陰陽大卦不過八卦之理而篇中乃云八卦不是眞妙訣者正爲不得眞傳不明用卦之法故也而其所以不明用卦之法者皆因泛言八卦而不知八卦之中止有一卦可用故也大五行秘訣不過能用此一卦即從此一卦流轉九星便知乾坤艮巽諸卦落在何宮二十四千支落在何宮而或吉或凶指掌瞭然矣俗師不得此訣妄立五行有從四墓上取天罡以爲放水出煞之用如何合得八卦之理夫收得山來乃出得煞去不知一卦作用山旣無從收一卦不收諸卦千支又何從

流轉九星求純去駁而消水出煞乎今人但知二十四山處處可出官貴處處可旺田庄處處可出神童而不知二十四位水路交馳果下何卦收何山乃消得此水出得煞去夫既不能收山出煞則其談八卦論干支皆胡言妄說而已何以契合天心而造化在手也天心即天運非善人合天之家不能遇也大五行所謂一卦即指天心正運之一卦也篇中露此二字其間元妙難以名言楊公雖指出天心一卦之端而其下卦起星之訣究竟未嘗顯言則天機秘密須待口傳不敢直筆之於書也

南雅曰。此即一卦乘時下穴收山消水出煞之訣。已於天玉各書中詳言之矣。勿贅。

姜氏曰。篇中八卦干支縱橫錯舉。原非實義。細玩此節。何位何宮何地等句。即知經文皆屬活句。非死句也。我師於前篇註中。切戒學者。毋得執定方位。意在此耳。凡讀楊公書者。當知此意。非獨寶照而已。天玉青囊無不皆然。

五星一訣非眞術。城門一訣最爲良。識得五星城門訣。立宅安墳定吉昌。堪笑庸愚多慕此。妄將卦例定陰陽。不向龍身觀出脉。又從砂水斷災祥。錡松寶照眞秘訣。父子雖

親不肯說若人得遇是前緣天下橫行陸地仙
傳前章既言一卦下穴收山出煞之義此章又直指城門一訣楊公此論眞可謂披肝露胆矣盖五星之用其要訣俱在城門識得城門而後五星有用於此作二宅無不興隆者矣城門一訣與龍身出脉正是一家骨肉精神貫通能識城門乃能觀出脉能觀出脉便能識城門故笑世人不識此秘而妄談卦例從砂水上亂說穴難也此以下皆楊公鏤精抉髓之言得此便是陸地神仙父子不傳夫亦師傳之禁戒如是豈敢違哉
南雅曰書內城門字三見有消水的有收氣的二者作

用大是不同。此是收氣的而言收氣之處亦不止此。今人止知此書處處是言水。而不知此書處處又言氣。其專言氣處固無論矣。即江南龍來江北望一語。孰不謂是望水也。而實亦有望氣之道存焉。人苟能於風水二字領會入微。又何難追踪曾蔣而步武郭楊哉

世人只愛遇迴好。不知水亂山顛倒。時師但云講八卦。卻把陰陽分兩下。陰山以用陽水朝。陰水止用陽山照。俗夫不識天機妙。自把山龍錯顛倒。胡行亂作害世人。福未到時禍先到。

傳道德不云乎。常無欲以觀其妙。常有欲以觀其竅。此

正丹家所謂元關一竅。大道無多。只爭那些子。故曰不離遮個。人身有此一竅。天地亦有此一竅。地理家須要識此陰陽之竅。今人只愛週迴好。而不知那些子。些子合得天機。週迴不好亦好。些子不合天機。週迴雖好亦無用矣。陰山陽山。陰水陽水。皆現成名色。處處是死的。惟有那些子是活的。些子一變。陰不是陰。陽不是陽。陰可作陽。陽可作陰。故曰識得五行顛倒顛。便是大羅仙。世人不諳天機。誤將山龍來脈。牵合羅洋理氣。執定板格。陰陽反成差錯。乃眞顛倒也。本欲造福。反以貫禍。楊公所爲惻然於中。而有是書也。

南雅曰二十四山八卦九星皆是死的惟有那些子是活的天氣東來些子在東則陰卽是陰陽卽是陽天氣西去些子在西則陰可作陽可作陰時師夢夢不識天機奧妙祗從八卦上去講那板格陰陽而不知自把山龍錯行顛倒本欲求福適以取禍豈不哀哉

陽若無陰定不成陰若無陽定不生陽水陰山相配合兒孫天府早登名

傳此節與下節尤爲全經傾囊倒篋之言而泛泛讀過則不覺其妙蓋舉平洋龍法穴法收山出煞八卦干支之理一以貫之矣孤陽不生獨陰不成此雖通論而大

五行秘訣只此便了學者須在山水配合上着眼所謂配合自然配合非尋一個陽以配陰尋一個陰以配陽也水即是陽山即是陰陰即是山陽即是水故止言陽水陰山而不更言陰水陽山知此者可與讀寶照經矣知此者亦不必更讀寶照經矣

都天大卦總陰陽玩水觀山有主張能知山情與水意配合方可論陰陽

傳急接上文都天大卦豈有他哉總不過陰陽而已眞陰眞陽只在山水上着眼而玩水觀山須胸中別自有主張此主張非泛泛主張乃乾坤眞消息所謂天心是

也山情水意四字全經之竅妙今人孰不曰山水有情意而不知世人所謂情意非眞情意也識此情意則是陰陽便成配合青囊萬卷盡在個中嗚呼至矣

南雅曰以上二節總言山水配合而配合又非徒然山見水水見山便了又要看那山與那水方可配成眞夫婦那水與那山方可認爲眞交媾果能認得眞時卽以天時爲主張以定從違則都天大卦看陰陽之訣始無遺義矣

都天大卦無人得逢山踏路尋龍脈前頭走到五里山遇着賓主相交接欲求富貴頃時來記取鑄松眞妙訣

傳上文說到山情水意都天大卦之理盡矣此節又贊嘆而言此都天寶照不輕傳世若有人能得以此觀山玩水一到山情水意賓主相交之處用楊公訣坐扦之頃刻之間造化在手蓋一片熱腸深望人之信從而發此嘆也

天有三奇地六儀天有九星地九宮十二地支天干十干屬陽兮支屬陰時師專論這般訣誤盡閻浮世上人陰陽動靜如明得配合生生妙處尋

傳前篇贊嘆已足終篇又引奇門以比論者蓋奇門主地從洛書來與地理大卦同出一原而時師用錯所以

不驗。惟有大五行是奇門真訣。欲知此訣只在陰陽一動一靜之間。求其配合生生之妙。則在在有一陰陽。非干是陽支是陰如此板格而已。葢動靜即是山情水意。即是城門一訣。即是收山出煞用一卦法。所謂龍到頭者此也。所謂龍身出脉者此也。所謂龍空氣不空者此也。是名真賓主。是名真夫婦。是名真雌雄。終篇又提出此二字。與上篇第三章動靜中間求一語首尾相應。楊公之旨抑亦微之顯矣乎。

南雅曰。上節賓主交接。此節陰陽動靜。總是說出夫婦交媾。說出氣運循環。說出天心一卦。說出零正兩途。

姜氏曰。中篇一十三節共一百四十六句。皆申明上篇第三章以下未盡之意。以終平洋龍穴之變。

中篇終

都天寶照經

下篇

傳上中二篇歷敘山龍平洋正變之旨。自始至終。有本有末。文雖斷續而義則相蒙。下篇所言不過前篇餘義。而錯雜言之。無有條貫。每章各論一事。文無承接。義無照應。淺者極淺。深者極深。學者分別觀之可也。

尋得真龍龍虎飛。水城屈曲抱身歸。前朝旗鼓馬相應。下後離鄉着紫衣。

傳此節專指山龍而言。真龍之穴。龍虎分飛。非其病也。真龍行急。龍虎之相隨亦急。急則兩砂之末。乘勢逆回。

有似分飛。昔人指爲曜氣。正真龍靈氣發露之象也。然
情旣外向。則人事亦應之。主子孫他方發達。謂之離鄉
砂也。

南雅曰。真龍龍虎背後逆拖山腳。尖利向外。有似分飛。
是曜氣發露。舉離鄉貴應。必大地而後有之。又必以是
石爲貴。若純土。只是餘氣拖曳。非曜也。

乙字水纏在穴前。下砂收鎖穴天然。當中九曲來朝穴。悠
揚瀦蓄斗量錢。兩畔朝歸穴後歇。定然龍在水中蟠。若有
聲爲數錢水。催官上馬御堦前。

傳自此以下八節。皆平洋水局形體吉凶之辨。此節言

曲水纏身之格。歌在穴後。正前篇所謂後龍空坐正穴也。數錢水假借爲義。俗而巧。

安墳最要看中陽。寬抱明堂水聚囊。出峽結成元字樣。朝來鸞鳳舞呈祥。外陽起眼人皆見。乙字彎身玉帶長。更有內陽坐穴法。神機出處覔仙方。

傳此言堂氣形局之美。至於內陽坐穴法。正前篇所謂來龍正坐及城門一卦之訣也。非神機仙術烏足以語此。

南雅曰。以上兩節。是言平洋朝水橫水潴水形局之最美者。末內陽句。卽一卦下穴收山消水之法。此所以謂爲神機仙方也。

水直朝來最不祥。一條直是一條鎗。兩條名爲插脇水。三條云是三刑傷。四水射來爲四煞。八水名爲八煞殃。直來反去拖刀煞。徒流客死少年亡。時師只說下砂逆。禍來極速怎堪當。墢圳街路如此樣。亟宜遷改免災殃。

傳此節極言直來凶格。蓋水形最忌木火。以其有殺氣無元氣也。縱屬來朝。亦有損無益。況諸路交馳。漏風冲洩乎。旺元猶可。衰運無噍類矣。

南雅曰。水城貴彎抱。劍直橫過者。尚不足取。而況對穴直射者乎。

前水朝來又擺頭淫邪凶惡不知羞乾流自是名繩索自縊因公敗可憂

傳此曲水凶格水神雖以曲爲吉然曲處須節節整齊乃合星格若擺頭斜去及如繩索樣或大或小或疎或密或正或斜皆似吉而凶縱然發福必有破敗

左邊水射長男死右邊水射少兒亡水直若然當面射中子離鄉死道旁東西南北水射腰房房橫死絕根苗貪淫男女風聲惡曲背駝腰家寂寥

左邊水反長房死離鄉忤逆皆因此右邊水反少兒傷風吹婦女隨人走當面水反中男當斷定二房有損傷左右

中反房房絶、切忌墳塋遭此刼。

傳以上數節雖義淺而詞鄙。然其應甚速。以其切於用也。故存之。惟公位之分不可盡拘耳

南雅曰水反水射皆是不吉。然水反之禍稍輕。水射之禍更烈。何也。水反無殺氣。水射有殺氣也

一水裹頭名斷城。下之雖發未爲榮。兒孫久後房房絶。水到砂收反主興。

傳平洋穴取近水。三方皆可逼窄。惟穴前須寬容不迫展舒。穴氣若一水裹頭。穴無餘氣。雖環抱亦不發。若面前另一支水到。則又以接水呈秀。其逼窄之氣有所發

洩反不爲凶爾

南雅曰裹頭水者乃剛剛一穴毫無餘氣無龍虎水繞三方而去雖得水繞亦主敗絕若一水橫抱過穴又得下砂一臂逆轉收住此水反主興發又不可以裹頭水論也

茶槽之水實堪憂莫作蔭龍一例求穴前太逼割唇腳不見榮兮反見愁

傳穴前池塘水聚天心名蔭龍水本爲吉局若直硬深坑形似茶槽既非佳格或明堂寬曠猶未見凶更加緊葬穴氣太逼則有凶無吉矣同一穴前池水形局軟硬

立穴緩急其應不同不可不深辨也

元武擺頭有多般未可慳然執一端或側或斜或正出須憑直節對堂安擺頭直出是分龍須審何家龍脈踪大山出脈分三訣未許專將一路窮

傳元武水來本合後空活龍之格宜爲正坐之穴矣然亦須詳其來法以辨純雜定吉凶未可執一也蓋水有偏出正出不同惟直節對堂安乃是眞元武水若擺頭曲來而又直出前去一曲一直之間龍脈不一是謂分龍不必分兩道而後謂之分龍也須察其曲來是何脈直去是何脈細細推詳而後可定其何家踪跡以候下

卦若是水大則不止一宮之氣正坐是一脉偏左是一脉偏右又是一脉故云分三訣也論坐後之脉精詳曲當搜剔無遺乃至於此可謂明察秋毫者耶

南雅曰此節論元武水最為精詳直示人辨斜正生死以便下卦起星棄偏側而取對堂貴生旺而忌死衰不可以坐後有水便爲活龍而形象之吉凶時日之衰旺概置不問也

家家墳宅後高懸太陽不照太陰偏必主其家多寂寞男孤女寡寔堪憐

傳此節後空之義因世人都喜後高故復叮嚀如此人

但知後高爲有坐托不知其掩蔽陽光而偏照陰氣生機斬絕人口伶仃故有孤寡之應也可不戒歟予觀人家穴後有挑築兩三重照山以補後托未有不大損人丁甚至敗絕無後者利害攸關特爲指出此節單言平洋格法若是山龍之穴又以後高爲太陽正照而吉後空爲失陷而凶讀者莫錯會也

姜氏曰首節言山龍後八節言平洋皆形局也

貪武輔弼巨門龍方可登山細認踪水去山朝皆有地不離五吉在其中

傳此節及下文九星皆指形局而言蓋見其星體合吉

登山而定其方位。若形局方位皆吉。即水去亦吉。今人動云第一莫下去水地。謬矣。

南雅曰。去水要之元曲折爲吉。水曲即是砂關。蕩然直去者凶。而蔣氏概以爲吉者。蔣氏近海人也。近海近湖之地。水流平緩。且有海潮逆上。來去總是一般。若流急之處。豈可概以是例乎。業斯術者。宜隨地酌宜。無爲方隅限可也。

破祿廉文凶惡龍。世人墳宅莫相逢。若然誤作陰陽宅。縱有奇峰到底凶

傳此二節專言平洋九星水法。

本山來龍立本向。返吟伏吟禍難當。自縊離鄉蛇虎害。作賊充軍上法場。明得三星五吉向。轉禍為祥大吉昌。

傳本山本向。非子龍子向丑龍丑向。倒騎龍之謂也。蓋指八卦納甲而言。山龍有納甲本卦向法。皆淨陰淨陽。其在平洋向法。反不拘淨陰淨陽。而以本卦納甲干支位位作返吟伏吟。凶不可當。三星與五吉不同。三星言龍體。五吉言卦氣。消詳龍體於卦氣之中。自有天然向法。可不犯本宮。而災變為祥矣。

龍眞穴正誤立向。陰陽差錯悔吝生。幾為奔走赴朝廷。纔到朝廷帝怒形。緣師不曉龍何向。墳頭下了剎官星。

傳此言龍穴雖眞而誤立本宮之向陰陽不和至於剝官也蓋地理雖以龍穴爲重發與不發專由龍穴而立向坐宮又穴中迎神引氣之主宰此處不清潔如玉之瑕不成美器矣致廣大而盡精微又何可不詳審也耶此所謂向非以山向五行起長生爲消納也亦非小元空生出剋出生入剋之說學者愼之

南雅曰眞龍正穴有自然之向不得自然之向此是一誤得自然之向而不能迎接天和此是二誤至於剝官或猶以爲龍穴不美之故然豈龍穴之罪乎師不明之罪耳

姜氏曰。以上四節。皆言平洋理氣之用。

尋龍過氣。尋三節。父母宗支要分別。孟山須要孟山連。仲山須要仲山接。干奇支耦細推詳。節節照定何脉良。若是陽差與陰錯。縱吉星辰發不長。一節吉龍一代發。如逢雜亂便參商。

傳此等卦理。中上二篇言之已詳。反覆叮嚀。致其深切之意。又指明發福世代久暫之應。全在龍脉節數長短。故父母宗支要分別也。

南雅曰。此舉四正以例其餘干奇支耦干非盡奇也。處鄰人則宜奇於父母。仍不妨耦耳。

先識龍脉認祖宗蜂腰鶴膝是真踪要知吉地行龍止兩
水相交夾一龍夫婦同行脉路明須認劉郎別處尋平洋
大水收小水不用砂關發福久水口石似人物形定出擎
天調鼎臣

傳此節兼論山龍平洋言山龍眞脉則取蜂腰鶴膝爲
過峽而平洋則不然只取兩水相交爲來龍行脉不在
過峽上看脉也但須脉上推來識干支純雜夫婦配合
之理如此宮不合又當別求他宮不可牽强誤下故云
劉郎別處尋且山龍取砂爲關而平洋則不用砂關只
要大水行龍收入小水結穴有此小水引動龍神千流

萬派其精液皆注歸小水。以蔭穴氣。此平洋下穴秘旨。一語道破混沌之竅鑿矣。觀此則知所謂兩水相交。非謂左右兩水會穴前而龍從中出謂之行龍也。正謂大水與小水相交之處。乃眞龍之行眞穴之止也。既有此小水收盡源頭。又何用砂水之爲我用與否。豈砂之攔阻能强之者耶。人且不可强而況於水。若水口捍門。此山龍大地雄峙一方之勢。蓋將山比擬楊公秘愼之旨。互文隱意。雖若並陳大旨偏重平洋。而以山龍相映發。以辨其不同途。爾貴學者言外會心。若不知剖晰而視爲一合之說。將雜亂而無緒矣。

南雅曰山龍以過峽束氣爲龍真故要蜂腰鶴膝平洋以兩水界割爲龍止故要大水收小水

龍若直來不帶關支兼干出是福山立得吉向無差誤催祿催官指日間

傳此亦上下二篇所已詳蓋以四正爲例其餘自在言外非位位取支也

南雅曰四正之龍宜支兼干出四隅之龍又宜干兼支出夫二十四山每山皆可行龍非必拘拘如此也亦以此等行龍無有差錯非若他位干支各一父母難於和好易於互混比也

乾坤艮巽脉過凹節節同行不混淆向對甲庚壬丙水兒
孫列土更分茅仲山過脉不帶關三節山水同到前斷定
三代出官貴古人驗准無虛言
傳此則單指四隅龍脊反取干神並不言及辰戌丑未
則其非專重地支可知矣脉是內氣而向對之水是外
氣兩不相妨也楊公辨龍審卦之妙口口說重地支而
本旨又非專重地支世人被他瞞過多矣豈知一隻眼
逗漏於此節學者其毋忽哉
南雅曰此節乾坤艮巽行龍甲庚壬丙向水可以悟俗
註仲山要仲水孟山要孟水季山要季水之非是

發龍多向支神取若是干神又不同支若載干爲夫婦干若帶支是鬼龍子癸爲吉壬子凶三字眞假在其中乾坤艮巽天然穴水來當面是眞龍要識眞龍結眞穴只在龍脉兩三節三節不亂是眞龍有穴定然奇妙絕千金難買此元文福緣遇者毋輕洩依圖立向不差分榮華富貴無休歇時師不明勉强扦雖發不久必敗絕

傳發龍多取支神此乃用支之卦也干神不用無取而乃曰若是干神又不同明明有用干之時而特與用支者不同耳干帶支爲鬼龍只就子癸壬子一宮爲例其眞其假三字之中逈然差別何以乾坤艮巽獨名天然

穴。蓋直以乾坤艮巽為龍不更轉易名相故曰天然若他龍則干支卦位非一名矣水來當面是眞龍此語石破天驚鬼當夜哭蓋乾坤艮巽之穴又與取支惡干者不同觀此則寶照之訣非單重支神洞然明白矣至於格龍之法只要兩三節不差錯則卦氣已全不必更求於四五節以外恐人拘泥太過遇着好龍當面錯過所以發此非楊公遷就之說也但此兩三節定要清純若到頭節數略有勉强即不能無誤又戒作者須其難其愼也。

南雅曰子癸為吉壬子凶當活看子可兼癸亦可兼壬

壬可兼子但不可兼亥耳即云子壬爲吉癸子凶亦可干不可載支是恐帶出卦之支若帶本卦之支夫何不可之有哉乾坤艮巽天然穴亦即子癸之意但立言稍殊耳

一個星辰一節龍龍來長短定枯榮孟仲季山無雜亂數產人龍上九重節數多時富貴久一代風光一節龍

傳亦論平洋龍神節數以定世代遠近之應總在行度之純雜上斷也

姜氏曰以上六節皆言平洋大五行之法蓋中上二篇所已明而反覆互見者也

南雅氏曰此以行龍長短純雜斷富貴久暫楊公於篇終發之以總其義其言約其旨備矣

男受介祺校刊

都天寶照經下篇

32	命學探驪集	【民國】張巢雲	發前人所未發 稀見民初子平命理著作
33	澹園命談	【民國】高澹園	
34	算命一讀通——鴻福齊天	【民國】不空居士、覺先居士合纂	
35	子平玄理	【民國】施惕君	
36	星命風水秘傳百日通	心一堂編	
37	命理大四字金前定	題【晉】鬼谷子王詡	源自元代算命術
38	命理斷語義理源深	心一堂編	稀見清代批命斷語及活套
39－40	文武星案	【明】陸位	失傳四百年《張果星宗》姊妹篇 千多星盤命例 研究命學必備
相術類			
41	新相人學講義	【民國】楊叔和	失傳民初白話文相術書
42	手相學淺說	【民國】黃龍	民初中西結合手相學經典
43	大清相法	心一堂編	重現失傳經典相書
44	相法易知	心一堂編	
45	相法秘傳百日通	心一堂編	
堪輿類			
46	靈城精義箋	【清】沈竹礽	沈氏玄空遺珍 玄空風水必讀
47	地理辨正抉要	【清】沈竹礽	
48	《玄空古義四種通釋》《地理疑義答問》合刊	沈瓞民	
49	《沈氏玄空吹虀室雜存》《玄空捷訣》合刊	【民國】申聽禪	
50	漢鏡齋堪輿小識	【民國】查國珍、沈瓞民	
51	堪輿一覽	【清】孫竹田	失傳已久的無常派玄空經典
52	章仲山挨星秘訣（修定版）	【清】章仲山	章仲山無常派玄空珍秘 門內秘本首次公開 沈竹礽等大師尋覓一生未得之珍本！
53	臨穴指南	【清】章仲山	
54	章仲山宅案附無常派玄空秘要	心一堂編	
55	地理辨正補	【清】朱小鶴	玄空六派蘇州派代表作
56	陽宅覺元氏新書	【清】元祝垚	簡易・有效・神驗之玄空陽宅法
57	地學鐵骨秘　附　吳師青藏命理大易數	【民國】吳師青	釋玄空廣東派地學之秘
58－61	四秘全書十二種（清刻原本）	【清】尹一勺	玄空湘楚派經典本來面目 有別於錯誤極多的坊本

62	地理辨正補註　附　元空秘旨　天元五歌　玄空精髓　心法秘訣等數種合刊	【民國】胡仲言	貫通易理、巒頭、三元、三合、天星、中醫
63	地理辨正自解	【清】李思白	公開玄空家「分率尺、工部尺、量天尺」之秘
64	許氏地理辨正釋義	【民國】許錦灝	民國易學名家黃元炳力薦
65	地理辨正天玉經內傳要訣圖解	【清】程懷榮	秘訣一語道破，圖文并茂
66	謝氏地理書	【民國】謝復	玄空體用兼備、深入淺出
67	論山水元運易理斷驗、三元氣運說附紫白訣等五種合刊	【宋】吳景鸞等	失傳古本《玄空秘旨》《紫白訣》
68	星卦奧義圖訣	【清】施安仁	
69	三元地學秘傳	【清】何文源	
70	三元玄空挨星四十八局圖說	心一堂編	三元玄空門內秘笈　清鈔孤本 過去均為必須守秘不能公開秘密 與今天流行飛星法不同
71	三元挨星秘訣仙傳	心一堂編	
72	三元地理正傳	心一堂編	
73	三元天心正運	心一堂編	
74	元空紫白陽宅秘旨	心一堂編	
75	玄空挨星秘圖　附　堪輿指迷	心一堂編	
76	姚氏地理辨正圖說　附　地理九星并挨星真訣全圖　秘傳河圖精義等數種合刊	【清】姚文田等	蓮池心法　玄空六法 門內秘鈔本首次公開
77	元空法鑑批點本——附　法鑑口授訣要、秘傳玄空三鑑奧義匯鈔　合刊	【清】曾懷玉等	
78	元空法鑑心法	【清】曾懷玉等	
79	曾懷玉增批蔣徒傳天玉經補註【新修訂版原（彩）色本】	【清】項木林、曾懷玉	
80	地理學新義	【民國】俞仁宇撰	揭開連城派風水之秘
81	地理辨正揭隱（足本）　附連城派秘鈔口訣	【民國】王邈達	
82	趙連城傳地理秘訣附雪庵和尚字字金	【明】趙連城	
83	趙連城秘傳楊公地理真訣	【明】趙連城	
84	地理法門全書	仗溪子、芝罘子	巒頭風水，內容簡核、深入淺出
85	地理方外別傳	【清】熙齋上人	巒頭形勢、「望氣」「鑑神」
86	地理輯要	【清】余鵬	集地理經典之精要
87	地理秘珍	【清】錫九氏	巒頭、三合天星，圖文並茂
88	《羅經舉要》附《附三合天機秘訣》	【清】賈長吉	清鈔孤本羅經、三合訣法圖解
89–90	嚴陵張九儀增釋地理琢玉斧巒	【清】張九儀	清初三合風水名家張九儀經典清刻原本！